Isabelle Noth / Eva-Maria Faber (Hg.)

Seelsorgebegegnungen

Praxisbeispiele theologisch reflektiert

Vandenhoeck & Ruprecht

Bibliografische Information der Deutschen Nationalbibliothek:
Die Deutsche Nationalbibliothek verzeichnet diese Publikation in der
Deutschen Nationalbibliografie; detaillierte bibliografische Daten sind
im Internet über https://dnb.de abrufbar.

© 2023 Vandenhoeck & Ruprecht, Robert-Bosch-Breite 10, D-37079 Göttingen,
ein Imprint der Brill-Gruppe
(Koninklijke Brill NV, Leiden, Niederlande; Brill USA Inc., Boston MA, USA;
Brill Asia Pte Ltd, Singapore; Brill Deutschland GmbH, Paderborn, Deutschland; Brill Österreich GmbH, Wien, Österreich)
Koninklijke Brill NV umfasst die Imprints Brill, Brill Nijhoff, Brill Hotei,
Brill Schöningh, Brill Fink, Brill mentis, Vandenhoeck & Ruprecht, Böhlau,
V&R unipress und Wageningen Academic.

Alle Rechte vorbehalten. Das Werk und seine Teile sind urheberrechtlich
geschützt. Jede Verwertung in anderen als den gesetzlich zugelassenen Fällen
bedarf der vorherigen schriftlichen Einwilligung des Verlages.

Umschlagabbildung: © Aleksandra/Adobe Stock

Satz: SchwabScantechnik, Göttingen
Druck und Bindung: ♾ Hubert und Co. BuchPartner, Göttingen
Printed in the EU

Vandenhoeck & Ruprecht Verlage | www.vandenhoeck-ruprecht-verlag.com

ISBN 978-3-525-63411-0

Inhalt

Vorwort 7

Christiane Burbach
»Da bin ich dem Himmel so nahe.« –
Seelsorge als Dimension von Supervision 9

Stefan Gärtner
»Nun lassen Sie mich auch alleine.« –
Zum Umgang mit radikaler Kontingenz in der Seelsorge 19

Thomas Wild
Ein Atheist sucht den Segen Gottes –
prozessorientierte Krankenhausseelsorge 28

Claudia Graf
»Es hat keinen Sinn, mit Ihnen zu reden. Sonst kommen
mir noch Tränen.« – Seelsorge im System Spital 44

Frank Stüfen
»Ohne Schmerz weiß ich gar nicht, dass es mich gibt.« –
Seelsorge im Gefängnis 53

Isabelle Noth
»Ich bin nicht dabei gewesen!« –
Anwaltschaftliche Seelsorge im Spital 61

Christina Kayales
»Über den Selbstmordversuch haben wir nicht geredet.« –
Chancen kultursensibler Seelsorge 69

Helga Kohler-Spiegel
»Wenn der Boden dünn ist ...« –
Traumatischer Stress in Psychotherapie und Seelsorge 77

Noemi Honegger
»Besuchen Sie mich auch im Pflegeheim?« –
Auf unscheinbare Art und Weise Ansehen schenken 88

Lukas Stuck
Mehr als ein Gespräch –
Seelsorge für Menschen mit einer Demenz 97

Nikolett Móricz
Seelsorge als Schule der Empathie –
eine Begegnung in der Frauenklinik 105

Wolfgang Reuter
»... dann nehme ich mir das Leben ...« –
Zwischen Todeswunsch und Lebensperspektive:
Herausforderungen in der Psychiatrie-Seelsorge 115

Eva-Maria Faber
Religiös verankert den Menschen zugewandt –
eine Reaktion auf die Praxisbeispiele in systematisch-
theologischer Sicht 124

Vorwort

Hans van der Geest (*1933) hat mit seinen 27 Fallbesprechungen, die er 1981 unter dem Titel »Unter vier Augen. Beispiele gelungener Seelsorge« veröffentlichte, Generationen von deutschsprachigen Seelsorgenden geprägt. 2010 erschien die 10. Auflage des Buches. Unseres Erachtens ist es dringend nötig, den Faden wieder aufzunehmen und mit einem neuen Konzept ein ähnlich gelagertes, aber ökumenisches Werk zu erarbeiten. Ziel ist es, Seelsorgebegegnungen, die grundsätzlich als gelungen und/oder besonders lehrreich empfunden wurden, jeweils unter Berücksichtigung der folgenden fünf Kriterien beziehungsweise Perspektiven zu beschreiben und zu analysieren, die der Theologe und Psychologe Christoph Morgenthaler für die in Bern stattfindenden Staatsexamina von Vikarinnen und Vikaren einst festlegte und die sich nach wie vor bewähren:
1. Wahrnehmung: differenziertes und reflektiertes Wahrnehmen der entsprechenden Seelsorgesituation, der beteiligten Personen, ihrer Beziehung und Interaktion und ihrer kontextuellen Einbettung;
2. theologische Reflexion: Begründung, hermeneutische Reflexion und Nachvollziehbarkeit der theologischen Reflexion der seelsorglichen Situation;
3. humanwissenschaftliche Reflexion: Begründung und Nachvollziehbarkeit der humanwissenschaftlichen Reflexion der Seelsorgesituation;
4. Selbstreflexion: Wahrnehmung der eigenen Person, Geschichte, Befindlichkeit und Vernetzung bei der Wahrnehmung;
5. Begründung der seelsorglichen Position: unter anderem auch Gesamtverständnis von (Praktischer bzw. Pastoral-)Theologie.

Dieses ökumenisch verantwortete Buch orientiert sich an seelsorglichen Anforderungen und Qualitätsstandards und will durch deren exemplarische Veranschaulichung Impulse für ihre Realisierung in der Praxis geben. Der vorliegende Band legt dabei einen Schwerpunkt auf die seelsorgliche Praxis in Institutionen wie Spital, Gefängnis und Heimen sowie auf den Bereich der Supervision. Damit konvergiert der Fokus des Bandes mit dem aus sechs Studiengängen bestehenden Programm der Aus- und Weiterbildung in Seelsorge, Spiritual Care und Pastoralpsychologie (www.aws-seelsorge.unibe. ch), das in ökumenischer Kooperation von der Universität Bern, der Theologischen Hochschule Chur, den Reformierten Kirchen Bern-Jura-Solothurn (als Vertretung der Deutschschweizerischen Kirchenkonferenz) und der Deutschschweizerischen Ordinarienkonferenz getragen wird. Für Beiträge angefragt haben wir Kolleg*innen aus Universität und Ausbildung mit fundierter Praxiserfahrung (Gesprächsprotokolle oder Fallschilderungen mit Anteil an Verbatim), die den oben erwähnten Kriterien Rechnung tragen. Auf eine vollständige Anonymisierung beziehungsweise Pseudonymisierung und Verfremdung der Situationen wurde streng geachtet. Eva-Maria Faber beschließt als Systematische Theologin das Buch, indem sie auf die Beiträge in Form einer Zusammenschau reagiert.

Dieser Band ist der Einstieg in eine Serie von Beispielen aus allen möglichen Situationen und Institutionen. Sollten Sie in einem der zukünftigen Bände mitwirken wollen, so lassen Sie uns bitte Ihre Fallbeschreibung und Reflexion zukommen: abt.seelsorge@theol. unibe.ch. Gerne besprechen wir mit Ihnen die Möglichkeit einer Aufnahme in einen der nächsten Bände.

Zum Schluss bleibt uns der Dank an die Reformierten Kirchen Bern-Jura-Solothurn und an die AWS für die Unterstützung mit großzügigen Beiträgen für die Druckkosten.

Bern und Chur, im September 2022

Isabelle Noth und Eva-Maria Faber

Christiane Burbach
»Da bin ich dem Himmel so nahe.« — Seelsorge als Dimension von Supervision

Einleitung

In der folgenden Falldarstellung ist Seelsorge eine Dimension eines Beratungsprozesses. Das primäre Anliegen der Klientin ist, Supervision wahrzunehmen. Im Prozess wird deutlich, dass auch Aspekte des Coachings und der Lebensberatung eine Rolle spielen, so dass hier mehrere Beratungsformate in temporärer Schwerpunktsetzung im Laufe des Prozesses relevant sind.

Entwicklungs- und Veränderungsmöglichkeiten im Kontext der Arbeit sind insofern begrenzt, als die Einrichtung, in der die Klientin tätig ist, wie auch das gesamte Arbeitsfeld sehr stark abhängig sind von der Sozialpolitik des Bundes, des Landes und der Region, wie auch von den jeweiligen Schwerpunktsetzungen möglicher Sponsoren. Ein großer Schwerpunkt der Supervision liegt hier auf der Optimierung der Netzwerke, um Sozialpolitiker*innen auf die Auswirkungen ihrer Entscheidungen aufmerksam zu machen, Sonderregelungen zu erwirken, neue Sponsoren ausfindig zu machen oder neue Arbeitsbereiche zu kreieren, die zu den Sponsoringzielen einzelner Agenten passen. Es ist jeweils ein erheblicher Arbeitsaufwand nötig, um Erfolge zu erzielen.

Falldarstellung: Wahrnehmungen

Anna M.[1] (53) arbeitet seit vier Jahren mit ihrer Supervisorin zusammen. Sie sprechen über Anna M.s berufliche Erfahrungen, ihren Alltag, ihre Mitarbeitenden, die Strukturen, die Ressourcen und auch

---
1 Name geändert, Situation verfremdet.

über ihr Führungsverhalten. Sie ist Pädagogin und leitet im Rahmen der Diakonie einen sozialen Betrieb, der im Dritten Arbeitsmarkt navigiert. Das heißt, der Rand der Gesellschaft ist ihr Arbeitsplatz. Sie ist eine sehr sportliche Frau, die große Strecken zu Fuß und mit dem Fahrrad bewältigt. Fahrradfahren ist ihr großer Ausgleich für alles, was sich bei ihr aufgestaut hat. Immer wieder ist sie enttäuscht von den Mitarbeitenden, ihrem unreflektierten, selbstbezüglichen, zum Teil auch rücksichtslosen und unzuverlässigen Handeln. Die Zumutung ihres Arbeitgebers, mit einem bekanntermaßen wenig kooperativen und den Arbeitsfrieden störenden Mitarbeiter weiter zusammen arbeiten zu müssen, macht ihr sehr zu schaffen. Sie wünscht sich mehr Rücksicht auf ihre persönlichen Möglichkeiten und Grenzen. Diese erhält sie jedoch nicht. Zugleich ist sie häufig auch unglücklich über ihr eigenes Verhalten. Sie fürchtet zu impulsiv zu sein, ihrer Empörung und ihrer Wut zu deutlich Ausdruck zu verleihen und insofern zu konfrontativ zu sein, so dass die Mitarbeitenden das nicht aushalten können. Mitarbeitendenwechsel empfindet sie als gegen sie selbst gerichtet. Die Arbeit mit dem Inneren Team (vgl. Schulz von Thun 2013) ergibt, dass in ihr viele Stimmen bestehen, die sich unter der Rubrik »Innerer Zensor« zusammenfassen lassen. Leider fehlt eine Gegenposition, die zum Beispiel sagt: Anna M. ist liebenswürdig. Es wird deutlich, dass sie sich schon in der Familie und in der Schule meist als Außenseiterin gefühlt hat.

Die Supervisorin erlebt die Sitzungen als schwer: Schwer ist das Herz der Supervisandin, die Arbeit ist schwer, es ist schwer in diesem Kontext Erfolge zu erzielen, schwierig sind viele der Mitarbeitenden, schwer ist es, neue Perspektiven zu erarbeiten und umzusetzen. Die Supervisorin gewinnt den Eindruck, dass ihre Aufgabe hier vor allem entlastender Art ist: all das Schwere anzuhören, anzusehen und mitzutragen. Es fühlt sich an wie eine Wüstenwanderung ohne Rast in einer Oase. Die äußere und innere Welt ist trocken und unwirtlich.

Eine Wendung kommt in die Beratungen, als die Supervisorin Anna M. den Vorschlag macht, mit dem Zürcher Ressourcen Modell (ZRM; vgl. Krause/Storch 2018) zu arbeiten. Dem stimmt Anna M. gerne zu. Aus dem Ensemble ausgelegter Karten sucht sie sich die in kräftigem Rot und mit kraftvollen Strichen gemalte Kinderzeichnung eines Mädchens heraus. Im weiteren Gespräch wird deutlich: Das Bild erinnert sie an ihre schöne Zeit des Malens und der Maltherapie-Ausbildung. Sie beginnt zu erzählen über ihre Erfahrungen mit dem Malen, und ihre Augen strahlen dabei zum ersten Mal. Sie sieht sich selbst in diesem Mädchen und sie mag es. Es sei direkt, fröhlich und selbstbewusst in aller Selbstverständlichkeit. Erinnerungen werden wach an ihren Erfolg mit den gemalten Bildern. Ihre Familie fand sie gut und hat einige davon im Haus aufgehängt. Die Erinnerung an die große Bestätigung, die sie von den anderen Teilnehmenden im Ausbildungskurs erfahren hat, die alle ihre Nähe suchten, wird wieder wach. Es wird jedoch auch deutlich, dass Anna M. sich diese schöne Erinnerung nur sehr zurückhaltend nehmen kann. Sie wird nicht richtig lebendig, sondern bleibt etwas verhangen. Die Freude über diese wiedergefundene Erfahrung ist bei der Supervisorin sehr lebendig und vitalisierend, bei der Klientin ist sie zurückgenommen und blass. Der Weg zur Integration ist offenbar noch weit. Dennoch geht von dieser Ressourcenarbeit ein bedeutender Impuls aus. Anna M. hängt von ihr gemalte Bilder in ihrem Büro auf. Sie will offensichtlich ihre Kreativität mit in die Arbeit nehmen und ihr sich langsam veränderndes Selbstbild auch. Sie kommt schon in der nächsten Stunde auf das ausgewählte ZRM-Bild zu sprechen, zunächst in dem Sinne, Vieles von dem Widerständigen mit mehr Humor nehmen zu wollen. Sie entdeckt, dass es in ihr ein Gegenbild zu dem fröhlichen Mädchen gibt: den Irrwisch. Der ist ein bisschen hässlich, schnell wütend und hat offensichtlich Rumpelstilzchen-Qualitäten. Den gilt es unter Kontrolle zu halten, ihm mit Humor und Lockerheit zu begegnen, um ihn zu zähmen. Von da an erhalten die Supervisionen eine neue Qualität: Es geht nicht nur um ein Aushalten, sondern die Arbeit wird nach und nach gestaltbar, auch, wenn ihr Arbeitsfeld wirklich ein schwerer Boden ist, den sie zu beackern hat. Dennoch kann Anna jetzt öfter über Erfolge, Lob und Anerkennung von verschiedenen Seiten berichten. Nach einigen Sitzungen taucht ein erneuertes Selbstbild auf: Sie will sich nicht mehr so anpassen, sondern sieht, dass auch die anderen eine Bringschuld ihr gegenüber haben. Im weiteren Verlauf der Supervision taucht immer wieder Stress bei Anna M. auf, wenn bestimmte Personen für längere Zeit nicht mehr da sind: Urlaub, Mutterschutz und Familienzeit.

Neben der Supervisionsarbeit, die im Durcharbeiten der Wüstenabschnitte und auch ihrer Erfolge im Arbeitsfeld besteht, entwickelt sich etwas Neues, das hier jetzt in den Fokus rückt. Anna M. beginnt, Urlaube in einer Ausdrucks-Malwerkstatt zu machen. Dort entstehen neue Bilder, Auseinandersetzung mit sich selbst, Klärung, neue Wahrnehmungen. Schritt für Schritt kommt sie mehr zu sich, gewinnt einen liebevolleren Blick auf sich selbst. Zum Teil geht es auch etwas hin und her zwischen bestätigenden und infragestellenden Bildern. Schließlich beginnt sie auch zu meditieren, Yoga zu üben und Bücher über Weisheiten verschiedener Religionen zu lesen. Zu den Malurlauben kommen dann auch Meditationswochen. Alle diese Ziele, die sie miteinander verbindet, erreicht sie per Fahrrad. Die Orte liegen mehrere hundert Kilometer auseinander, und sie genießt es, diese mit dem Fahrrad zu absolvieren. Bei dem letzten Malurlaub entstand schließlich ein Bild, das eine Ritterprinzessin, die einen Drachenhund umarmt, zeigt. Prinzessin und Drachenhund sind glücklich, beide lieben sich. Ein großes Integrationsbild. Diesmal hat Anna M. den unmittelbaren emotionalen Zugang zu ihrem Erleben. Sie ist sehr erfreut von diesem Bild. Die Supervisorin ist erfreut und auch ergriffen von dieser Wendung. Das folgende Gespräch zeigt, dass sich eine tiefgehende Wandlung in ihr vollzogen hat.

Anna M.: Wissen Sie, es war wunderbar, so alleine auf dem Fahrrad durch die Landschaft zu fahren. Ich habe mich nicht einsam gefühlt. Früher war ich ja oft einsam. Ich war anders als die anderen. Jetzt war ich glücklich alleine auf dem Fahrrad. Ich habe mich dann gefragt, warum ich so gerne Fahrrad fahre, und da ist mir aufgefallen: Da bin ich dem Himmel so nahe. Das ist meine Form, dem großen Ganzen nahe zu sein.

Tief glücklich wirkt Anna M. in diesem Augenblick. Ihre Augen strahlen. Es ist, als wenn ein Energiestrom zwischen ihr und dem Himmel fließt.

Theologische Reflexion

Theologisch betrachtet handelt es sich zunächst um eine Befreiungsgeschichte. Anna M. findet einen Weg heraus aus ihrem negativen Selbstbild, der Unwirtlichkeit ihres Arbeitsplatzes und der Unfruchtbarkeit der kollegialen Beziehungen. Um es in der Sprache des Exodus zu formulieren: Anna M. wandert lange durch die Wüste und erreicht den etwas fruchtbareren Streifen des Kulturlandes, der bearbeitbar ist, nicht jedoch das gelobte Land, in dem Milch und Honig fließen (Ex 3,8.17). Die Schwere der Arbeit ist nicht in ihr Gegenteil verwandelt, aber lebensförderlicher kommt die Welt ihr entgegen.

Der oben beschriebene Spiegelungseffekt zwischen Arbeitsplatz und innerem Erleben lässt theologisch betrachtet das Symbol der Stellvertretung aufleuchten. Anna M. trägt nicht nur ihr eigenes Päckchen, sie trägt auch partizipierend und insofern stellvertretend das Los derer, die am Rande der Gesellschaft leben, mit. Die Deutung ihrer Situation im Sinne einer solidarischen Proexistenz (vgl. Fuchs 2006, S. 230 f.)[2] hat ihr und ihrer Arbeit eine Würde und Wertschätzung vermittelt, die sie zuvor so nicht erlebt hatte. Das entfaltet in zwei Sitzungen besondere Wirksamkeit, als die Supervisorin ihr ihre Anerkennung für diese Solidarität und deren große Bedeutung für die Menschen, mit denen sie arbeitet, und für die Gesellschaft ausspricht. In diesen Situationen traten ihr die Tränen in die Augen.

Besonders stark jedoch wirkt der bisherige Schluss der Geschichte: Es ist, als ob endlich das geschieht, worauf es ankommt, wenn Leben und Arbeit gelingen sollen: Segen fließt Anna M. zu. Es handelt sich um die in jüdisch-christlicher Tradition älteste Form des Segens: den »unkonditionierten, in ›vertikaler‹ Relation« (Leuenberger 2015, S. 56)[3] erteilten Schöpfungssegen, in dem Gott allein als unmittelbarer Segensspender fungiert (vgl. Leuenberger 2008, S. 386).

---

2 Eberhard Jüngel hat solchen Deutungen entgegengehalten, dass »Stellvertretung« exklusiv als Gottesprädikat zu gelten habe und nicht auf menschliches oder kirchliches Handeln übertragen werden sollte (vgl. Fuchs 2006, S. 235). Das ist in der Tat ernst zu nehmen. Evtl. reicht es hier ja auch, von menschlicher Solidarität zu sprechen. Auch die hat ihre Dignität.
3 Leuenberger spricht von einer »selbstwirksamen Handlung« (2008, S. 10) Gottes selbst.

Der Schöpfungssegen ereignet sich performativ in Fruchtbarkeit und Lebensfülle und wird in der Priesterschrift (Gen 1,22.28; 2,3), indem er an »den Menschen« adressiert wird, universalisiert (vgl. Leuenberger 2008, S. 389). Der Sitz im Leben ist die Begegnung mit der Natur, dem Draußen unter freiem Himmel und das Innewerden, zum großen Projekt Schöpfung dazuzugehören, das hier seine freundliche, Leben und Glück bringende Seite zur Geltung bringt. Gottes schöpferisches und erhaltendes Handeln, seine Rechtfertigung des natürlichen Daseins kommt in diesem Segen zum Ausdruck. Westermann sprach vom Segen als dem »älteste[n] Sakrament« (Westermann 1981, S. 536). Diese Erfahrung des Segens hat eindeutig für Anna M. eine rettende Bedeutung: Sie fühlt sich nicht mehr einsam und fremd, sondern in »himmlischer Gemeinschaft« und Solidarität, wohl auch in himmlischem Angenommensein. Soweit würde Anna M. vermutlich die theologische Deutung ihrer Erfahrung mittragen. Ob sie zum Beispiel auch der systematischen Einordnung folgen könnte, anknüpfend an Kierkegaard, den Segen als eschatologische »Spiegelung des Himmels im Erdenleben« (Rosenau 2015, S. 180) zu betrachten, wäre einem weiterführenden Gespräch vorbehalten. Eine weitere Energie und Vitalisierung verheißende Perspektive jedoch stellt sie in jedem Falle dar. Bedeutsam ist im Ganzen jedoch, dass Segen nicht als Praxis, sondern als Erfahrung in Erscheinung tritt.[4]

Humanwissenschaftliche Reflexion

Die Supervisorin arbeitet nach Personenzentriertem Konzept (vgl. Burbach 2019a). Das heißt, sie nimmt Kontakt zur Selbstaktualisierungstendenz ihrer Klientin auf, um mit ihr gemeinsam zu erkunden, worum es ihr geht, was sie behindert und in welche Richtung ihre Wachstums- und Veränderungsmöglichkeiten gehen. Indem sie ihrer Klientin mit Empathie, Wertschätzung und in Kongruenz begegnet, ist sie eine Repräsentanz, die sowohl die Erfahrung von Gelingen und Entwicklung als auch die Grenzerfahrung in Würde ermöglicht.

---

4 Hier können Konvergenzen zu Überlegungen von Josuttis (2000, S. 102 f.) gesehen werden. Jedoch, während das hier Dargestellte so etwas wie ein Aquarell ist, malt er eher in expressionistischer Ölbild-Pinselführung.

Soziologisch, systemisch und sozialpsychologisch betrachtet, stehen Annas inneres Ergehen und die wirtschaftlichen Verhältnisse ihres sozialen Betriebes in einem Spiegelungs- oder Partizipationsverhältnis. Die dürre Finanzsituation und all die Mühen, diese zu verbessern, respondieren mit Annas innerer Dürre und lassen diese besonders hervortreten. So zeigt sich zu Beginn der gemeinsamen Arbeit, dass die Lebenskräfte und Potenziale Annas weit in den Hintergrund getreten sind. Sie ist sowohl mit den äußeren Widrigkeiten ihrer Einrichtung als auch mit den inneren ihrer Erlebens- und Verhaltensweisen sowie ihrer Biografie beschäftigt. Ihre Potenziale sind ihr zunächst nicht zugänglich. Erst die Arbeit mit dem ZRM öffnet den Zugang zu den kreativen Ressourcen. Indem sie die Malerin in sich wiederentdeckt und ihr Raum gibt, hat ihre Aktualisierungstendenz wieder eine Chance, sowohl ihr Selbstbild weiterzuentwickeln als auch ihr Arbeitsfeld zu gestalten. Ihre Gestaltungskraft erhält Nahrung, indem sie die Maltherapie und das Ausdrucksmalen intensiviert. Meditation, Yoga und Sport helfen ihr bei der Stressbewältigung.

Das fröhliche Mädchen auf der ZRM-Karte bringt auch den »Irrwisch«/das Rumpelstilzchen ins Bewusstsein, das Anna die Aufgabe der Integration und des Findens der Mitte gewahr werden lässt. Das Bild von der Ritterprinzessin, die den Drachenhund umarmt, ist ein Integrationsbild, ein Bild der Versöhnung mit dem Schatten (vgl. Jung 1989, S. 93 ff.). Hier kommt Jung'sche Tiefenpsychologie in den Prozess. Das bedeutet zugleich, dass die Supervisorin auch andere humanwissenschaftliche Ansätze fallbezogen integriert. Dass eine Segenserfahrung zu einer Schlüsselsituation im Prozess wird, ist nicht jedem Therapie- und Beratungsansatz inhärent, für Pastoralpsychologie und Seelsorge jedoch durchaus. »VOCATUS ATQUE NON VOCATUS DEUS ADERIT« ließ auch Carl Gustav Jung über die Türschwelle seines Hauses in Küsnacht und auf seinen Grabstein schreiben.

Selbstreflexion

Die Supervisorin begleitet Anna M. zunächst in der Wahrnehmung ihres inneren und äußeren Erlebens. Sie hört ihren Worten zu, nimmt ihre Gefühle wahr, ihre Gesten, ihren Blick, ihren Körperausdruck. Sie hält die Schwere der Situation mit aus und ist offen dafür, dass etwas Neues, Hoffnungsvolles auftauchen könnte. Die Rolle der einfühlenden Begleiterin wird also ergänzt durch die der stellvertretenden Platzhalterin der Hoffnung auf Lebensressourcen im Außen und in Anna M.'s Selbstbild. Positive Bilder und Gefühle tauchen jedoch zunächst nicht auf, auch nicht, als sie mit Anna M. auf ihr Inneres Team zu sprechen kommt. Erst bei der Arbeit mit den ZRM-Karten kommen schließlich die Ressourcen zur Problemlösung zum Vorschein. Von hier an wird die Begleitung facettenreicher und differenzierter in den Emotionen. Immer wieder jedoch gibt es Phasen der Schwere und Hoffnungslosigkeit, die auch für die Begleitung nicht einfach sind. Auch wenn für den Personzentrierten Ansatz gilt, dass Empathie zwar sehr präzise die innere Welt des anderen wahrnimmt, so, wie er sich selbst versteht, so unterscheidet sich jedoch Empathie von Identifikation und bleibt in der Qualität der Als-Ob-Position (vgl. Burbach 2019b, S. 33 f.). Die Supervisorin fühlt in abgeschwächter Form wie Anna M., bleibt jedoch andererseits auch bei sich und eignet sich die fremden Gefühle nicht an. Dies ist eine Haltung, die geübt werden will. Die eigenen Gefühle zu dem mit der Klientin Erlebten geben ihr auch Aufschluss darüber, inwieweit sich Anna M. im weiteren Verlauf ihre positiven Bilder und Erfahrungen aneignen kann. Es ist zunächst nur eine blassere Freude, mit der Anna M. die Malerin in ihr Selbstbild integriert. Später gleicht sich ihre emotionale Intensität der ihrer Supervisorin an. Bei der Erzählung über die Erfahrung, dem Himmel nahe zu sein, ist das Glücksempfinden bei Anna M. etwas stärker als bei der Supervisorin. Sie ist bei sich und ihrer Begegnung mit dem Numinosen und dem damit verbundenen Glücksgefühl angekommen. Auch hier ist die Supervisorin die Begleiterin.

Begründung der seelsorglichen Position im Kontext Praktischer Theologie

Seelsorge ist in diesem Supervisions-Prozess eine Dimension der Gespräche. Beratung hinsichtlich des Umgangs mit schwierigen Mitarbeitenden und Teamsituationen, Möglichkeiten der Mittel- und

Fördermittelakquisition, Lebensfragen sowie persönliche Beratung hinsichtlich des Leitungs- und Führungsverhaltens sind die anderen Dimensionen. Darin unterscheidet sich dieses Gespräch nicht von anderen Gesprächen. Auch in Kasualgesprächen, bei Kranken- oder Gefängnisbesuchen zum Beispiel, kommt das alltägliche Leben mit seinen Kontingenzen zur Sprache.

Die religiöse Dimension erreicht Anna M. als Erfahrung des Numinosen. Diese religiöse Erfahrung tritt wortlos in Erscheinung und wird von Anna M. in der Beratung zur Sprache gebracht. Ihre Worte und ihr Tonfall sind jedoch nicht gekennzeichnet von der Begegnung mit dem Tremendum, dem Erschreckenden, Erschütternden, Überwältigenden oder Majestätischen, auch nicht mit dem Unheimlichen und dem Fascinans, Verzückenden, Dionysischen, evtl. jedoch mit dem »Beseligenden« (Otto 2014, S. 43), um die Sprache Rudolf Ottos zu bemühen. Im Ganzen zeigt sich jedoch, dass angesichts Ottos Verständnis des Numinosen als Gefühl des »Klein- und Zunichtewerdens« (Otto 2014, S. 66) seine gesamte begriffliche Matrix als Verständnishintergrund für Anna M.'s Erfahrung keinen Erkenntnisgewinn bringt.[5] Eher geht diese religiöse Erfahrung einher mit dem psychologischen Kennzeichen eines »neuen Geschmacks am Leben« mit der Konnotation der »Verzauberung« (James 2014, S. 473), wenn man sie religionspsychologisch einordnen will. Die religiöse Dimension ihres Lebens wird Anna M. unmittelbar evident ohne alle Verbalisierungshilfe und Hermeneutik vonseiten der Seelsorgerin. Sie selbst ist es, die diese Dimension ins Gespräch bringt.

Faszinierend ist meines Erachtens an dieser Geschichte, dass die Aspekte von Selbstreflexion und psychischer wie spiritueller Heilung ineinander liegen. Sie können zwar getrennt betrachtet werden, hängen aber zusammen.

Diese Fallgeschichte fordert dazu heraus, Seelsorge, Gottesbegegnung, neues Leben (vgl. Karle 2020, S. 375) und das Geschenk von Lebensenergie im Horizont einer alltagsbezogenen Schöpfungstheologie und einer Segenstheologie zu reflektieren. Sie fordert auch

---

5   Die Erfahrung des Segens, des Gesegnet-Werdens gehört nicht zu den Phänomenen der Begegnung mit dem Heiligen in Ottos Schrift.

dazu heraus, Erfahrungen des Heiligen im Gewande alltäglicher Lebensäußerung in ihrer Dignität wahrzunehmen.

Literatur

Burbach, C. (Hg.) (2019a): Handbuch Personzentrierter Seelsorge und Beratung. Göttingen.
Burbach, C. (2019b): Lebens-Prozesse. Grundannahmen Personzentrierter Seelsorge und Beratung. In: C. Burbach (Hg.). Handbuch Personzentrierter Seelsorge und Beratung (S. 17–48). Göttingen.
Fuchs, O. (2006): Aspekte einer praktischen Theologie der »Stellvertretung«. In: J. C. Janowski/B. Janowski/H. P. Lichtenberger (Hg.): Stellvertretung. Theologische, philosophische und kulturelle Aspekte (S. 227–264). Neukirchen-Vluyn.
James, W. (2014): Die Vielfalt religiöser Erfahrung. Eine Studie über die menschliche Natur. Berlin.
Josuttis, M. (2000): Segenskräfte. Potentiale einer energetischen Seelsorge. Gütersloh.
Jung, C. G. (1989): Archetyp und Unbewußtes (3. Aufl.). Olten/Freiburg i. Br.
Karle, I. (2020): Praktische Theologie. Leipzig.
Krause, F./Storch, M. (2018): Ressourcen aktivieren mit dem Unbewussten. Die ZRM-Bildkartei (2. Aufl.). Bern/Göttingen.
Leuenberger, M. (2008): Segen und Segenstheologie im alten Israel. Untersuchungen zu ihren religions- und theologiegeschichtlichen Konstellationen und Transformationen. Zürich.
Leuenberger, M. (2015): Segen im Alten Testament. In: M. Leuenberger (Hg.). Segen (S. 49–75). Tübingen.
Otto, R. (2014): Das Heilige. Über das Irrationale in der Idee des Göttlichen und sein Verhältnis zum Rationalen. Neuausgabe mit einem Nachwort von Hans Jonas. München.
Rosenau, H. (2015): Segen – systematisch-theologisch. In: M. Leuenberger (Hg.). Segen (S. 165–186). Tübingen.
Schulz von Thun, F. (2013): Miteinander reden. Teil 3. Das »Innere Team« und situationsgerechte Kommunikation (22. Aufl.). Reinbek bei Hamburg.
Westermann, C. (1981): Genesis II. BK.AT. Neukirchen-Vluyn.

Christiane Burbach, Prof. Dr. theol., lehrte als Professorin für Praktische Theologie an der Hochschule Hannover und betätigt sich als Supervisorin und Lehrsupervisorin. Sie ist langjährige Mitherausgeberin der Zeitschrift »Wege zum Menschen«.

Stefan Gärtner

»Nun lassen Sie mich auch alleine.« — Zum Umgang mit radikaler Kontingenz in der Seelsorge

Einleitung

Für Manfred Josuttis (vgl. 1991, S. 89–106) war es ein Kennzeichen der Andersheit der Pfarrpersonen, dass er oder sie auch dann noch das Wort ergreifen kann oder sogar muss, wenn alle anderen mit Stummheit geschlagen sind. Es geht um die Erfahrung radikaler Kontingenz im Leben, bei der ein Pastorand oder eine Pastorandin nicht mehr weiterwissen und andere Professionen mit ihrem Latein am Ende sind. Ein Seelsorger oder eine Seelsorgerin soll noch sprechen, wenn andere schweigen (müssen). Das ist Ausdruck eines grundlegenderen Paradoxons: »Wir sollen als Theologen von Gott reden. Wir sind aber Menschen und können als solche nicht von Gott reden. Wir sollen beides, unser Sollen und unser Nicht-Können, wissen und eben damit Gott die Ehre geben« (Barth 1924, S. 158).

Extreme Lebenssituationen stellen nicht nur für die betroffenen Menschen eine absolute Grenzerfahrung dar, sondern sie sind auch für Seelsorgende eine Herausforderung. Angesichts von Ohnmacht, Gottesferne, großer Angst oder Hoffnungslosigkeit verschlägt es ihnen manchmal selbst die Sprache. Dann wirkt das Postulat, dass sie doch etwas sagen und vielleicht sogar von Gott sprechen sollen, wie eine Überforderung. Positiv wäre zu überlegen, welche anderen, auch nonverbalen Strategien der Seelsorge als Alternative zur Verfügung stehen.

Ich möchte dieser Frage in einer Fallbeschreibung nachgehen, die im Rahmen einer Klinischen Seelsorgeausbildung (KSA) in den Niederlanden entstanden ist. In dem Modul »Praktisch-theologische

Kasuistik« waren die Teilnehmenden eingeladen, eine Seelsorgebegegnung mit einem bestimmten Instrumentarium zu analysieren, bevor sie in der Gruppe besprochen wurde. Es ging also nicht um ein reines Verbatim, sondern ein umfassender Fragenkatalog zu den verschiedenen Aspekten von Seelsorge sollte zuvor die individuelle Reflexion anregen (vgl. Dillen/Gärtner 2020, S. 193–197). Das Material, auf das ich im Weiteren zurückgreife, ist somit durch die Theologie, Gefühle, Erwartungen, Erinnerungen etc. der Seelsorgerin geprägt. Daneben stand in der KSA nicht im Zentrum, ob die Seelsorgebegegnung gelungen war. Stattdessen ging es darum, was die Teilnehmenden an der jeweiligen Case Study lernen konnten. Gleiches galt schon für die Beispiele gelungener Seelsorge bei Hans van der Geest (vgl. 1981), die der Supervisionspraxis entnommen sind. Sein Name steht stellvertretend für die Impulse, die die Seelsorgebewegung in Westeuropa seit den 1960er Jahren aus den Niederlanden empfangen hat. Das Land hatte eine Scharnierfunktion nach Nordamerika, insbesondere in den Anfängen: »Die KSA-Geschichte in Deutschland hat von Holland aus begonnen« (Miethner 1998, S. 34). Neben van der Geest geht es um Theologen wie Heije Faber, Piet Zuidgeest, Herman (Ordensname: Frans) Andriessen, Willem Berger oder Wybe Zijlstra, die zum Teil direkt in Amerika mit den neuen Wegen in der Seelsorge in Kontakt gekommen waren (vgl. Plantier 2001).

Der Seelsorgeanlass

Die römisch-katholische Seelsorgerin in unserem Kasus kennt die Pastorandin aus der Pfarrei unter anderem vom Rosenkranzgebet als eine »*tiefgläubige Frau mit einer offenen Haltung gegenüber der Gesellschaft*«. Sie hatte bereits bei einem Hausbesuch ein Gespräch mit ihr geführt und erinnerte sich ihrer als eine sehr lebendige Person mit ausgesprochenen Meinungen. Es ging der Frau »*in kürzester Zeit körperlich immer schlechter, sodass sie nicht mehr an den Gottesdiensten in der Kirche teilnehmen konnte. Kurz darauf war sie ins Krankenhaus gekommen und wurde von dort in ein Hospiz gebracht. […] Über die Tochter erreichte uns die Bitte, dass die Frau gerne mit jemandem von ›ihrer Kirche‹ sprechen wolle.*« Weil ihr neben der Pastorandin auch das (protestantische) Hospiz bereits bekannt war, beschließt das Pastoralteam, dass die Seelsorgerin diese Aufgabe übernehmen soll.

»*Bevor ich die Dame besucht habe, habe ich erst Kontakt mit dem Pflegeteam des Hospizes und mit der Seelsorgerin dort aufgenommen. Auch hatte ich Kontakt mit einer der Töchter der Frau über die aktuelle Situation. Aus diesen Gesprächen ging hervor, dass die Dame im Krankenhaus eine schlechte Prognose bekommen hatte und dass ihr nur noch wenig Lebenszeit gegönnt war. [...] Seit der Prognose verweigerte die Frau die Essens- und Medikamentenaufnahme. Auch war Kontakt mit ihr beinahe unmöglich, weil sie sich vollkommen von ihrer Umwelt abzuschließen schien.*« Die Seelsorgerin geht also gut vorbereitet auf Besuch. Die vorgängige Kontaktaufnahme mit der Einrichtung kann ihre Interventionen passgenau machen, um die Arbeit im Hospiz komplementär zu ergänzen und unfruchtbare Abgrenzungen zu vermeiden. Die Seelsorge vollzieht sich nicht in einer Nische, sondern sie sollte integraler Bestandteil der Begleitung und Pflege sein. Bei solcher interdisziplinären Zusammenarbeit gilt es, die seelsorgliche Verschwiegenheitspflicht zu beachten. Daneben ist die Frage, wie eingefärbt die Vorabinformationen aus der Einrichtung sind. Im Idealfall geht es um eine Signalfunktion über die spirituellen und religiösen Bedürfnisse, was in unserem Fall eine Tochter übernommen hat. Das Hospiz könnte ebenfalls Erwartungen an die Seelsorge haben, im vorliegenden Kasus zum Beispiel, dass die pastorale Mitarbeiterin die Verweigerungshaltung der Frau zu überwinden hilft. Mit unberechtigten Erwartungen sollte die Seelsorge kritisch umgehen.

Interdisziplinäre Kontakte sind auch institutionell wichtig. Die Pastorandin hat in kurzer Zeit den Übergang von Zuhause ins Krankenhaus und in das Hospiz erleben müssen. Durch institutionelle Trägheit oder Bürokratie besteht das Risiko, dass Menschen mit ihrem Wunsch nach Seelsorge gar nicht oder erst spät in den Blick genommen werden. Vielleicht ist es darum kein Zufall, dass die Frau sich über ihre Tochter an die Heimatpfarrei wendet – was angesichts ihrer Verschlossenheit für sich genommen bereits bemerkenswert ist. Sowohl im Krankenhaus als auch im Hospiz stand eine eigene Seelsorge, die sogenannte »geestelijke verzorging«, zur Verfügung.

Die Seelsorgerin kommt aus Sicht des Hospizes von außen, während sie für die Pastorandin ein vertrautes Gesicht ist. Nicht nur in den Niederlanden wird über die Notwendigkeit einer die Mauern der jeweiligen Institution überwindenden, also extramuralen Begleitung nachgedacht (vgl. Maagdelijn/Verkoulen/Meerding/van Steenveldt/de Bekker 2018). Zusätzlich vermeidet die Seelsorgerin mit ihrer (ökumenischen) Kontaktaufnahme mit der Kollegin in der Einrichtung Kompetenzgerangel. Dies ist vor dem Hintergrund der historischen Entwicklung und der institutionellen Position der »geestelijke verzorging« in den Niederlanden besonders wichtig (vgl. Gärtner 2017, S. 126–151).

Fallbeispiel: Radikale Kontingenz

»Ich habe die Dame in ihrem Zimmer besucht, ohne dass andere dabei waren. Ich hatte meine normale Kleidung an, wie das im Hospiz üblich ist, und ich hatte meinen Rosenkranz eingesteckt. Als ich eintrat, lag die Frau mit dem Kopf von der Tür abgewendet. Sie hielt die Augen geschlossen. In dem Raum brannte abgedunkeltes Licht, obwohl draußen die Sonne schien. Die Gardinen waren teilweise geschlossen. Ich hatte im Vorfeld gehört, dass die Frau bewusst in dieser Position lag wegen einer starken Zwangshaltung ihres Kopfes, die durch ihre Krankheit verursacht war. Das Zimmer war kahl und leer. Es gab keine Fotos von Verwandten, keine Blumen und keine persönlichen Gegenstände. […]
Auf mein Eintreten reagierte die Dame nicht. Ich habe mich zu ihr gesetzt an der Fensterseite. Nachdem ich mich vorgestellt und kurz ihre Hand gehalten hatte, habe ich gewartet, bis sie reagiert. Mit geschlossenen Augen sprach sie mich an: ›Ich weiß, dass Sie da sind, aber Sie können mir nicht helfen. Sie können genauso gut wieder verschwinden.‹ Ich sagte ihr, dass ich da sei, weil sie darum gebeten habe. Das bestätigte sie, meinte aber gleichzeitig, dass das keinen Sinn mehr mache. Ich fragte sie warum und sie antwortete, dass sie gestraft werde und dass sie Angst habe; niemand könne ihr jetzt noch helfen. Ich fragte sie, warum sie denke, dass sie gestraft würde und von wem. Sie öffnete die Augen und sagte: ›Sie als kirchliche Mitarbeiterin sollten das eigentlich verstehen. Oder glauben Sie wirklich,

dass wir sündige Menschen davonkommen?‹ Mir war nicht ganz klar, was sie mit dieser Bemerkung meinte und alle Versuche dahinterzukommen, liefen ins Leere.

Ich fragte, wovor sie Angst habe und ob es vielleicht helfen würde, wenn ich oder jemand anderes sie begleitet. Es dauerte lange, bis die Frau reagierte, und ich fühlte mich immer ohnmächtiger, weil ich merkte, dass sie sehr traurig war und große Schmerzen hatte. Ich habe ihre Hand gehalten und bin in Stille bei ihr geblieben. Nach einiger Zeit wurde die Dame etwas ruhiger und ich verstand aus dem, was sie sagte, dass sie große Angst vor dem Urteil Gottes nach ihrem Tod habe. Die Strafe, so nannte sie es, liege wie eine schwere Decke auf ihr. Sie verweigere nun jede Hilfe und Medizin als Buße für ihre Sünden. Das sei das Einzige, was sie noch tun könne: den Weg des Leidens gehen. […]

Weil ich wusste, dass sie unter anderem wegen des Rosenkranzgebetes immer in die Kirche gegangen war, habe ich probiert, darüber einen Zugang zu finden. Ich solle ruhig den Rosenkranz beten, aber sie wollte nicht mitbeten. Der weitere Besuch verlief in Stille, wobei ich versuchte, ihr ohne Worte nahe zu sein. Die Dame lag die ganze Zeit mit abgewandtem Gesicht und starren Augen, ohne noch etwas zu sagen. Als ich nach ungefähr einer Stunde Abschied nahm und fragte, ob ich noch einmal zu Besuch kommen dürfe, reagierte sie nicht. Erst als ich das Zimmer verlassen wollte, sagte sie: ›Nun lassen Sie mich auch alleine, das ist meine Strafe.‹«

Ansatzpunkte gelungener Seelsorge

Es kann nicht überraschen, dass diese Begegnung die Seelsorgerin noch lange beschäftigt hat. Sie war schockiert und glaubte, versagt zu haben. Sie fühlte sich als Eindringling und (wie die Mitarbeitenden im Hospiz) überfordert. Die Pastorandin durchlebt radikale Kontingenz, sowohl körperlich und psychisch als auch geistlich. Das drückt seinen Stempel auf das Seelsorgegeschehen und wird auch zur Erfahrung der Seelsorgerin. Keine ihrer Interventionen scheinen einen positiven Effekt zu haben, ihr werden sogar Vorwürfe gemacht. Trotzdem gelingt es, dass die Kranke den Grund für ihre Verweigerungshaltung in den kurzen Sequenzen benennt. Dem hält die Seelsorgerin stand, das heißt, sie entzieht sich der Situation nicht mit schnellen theologischen Antwortversuchen. Stattdessen bleibt sie lange in Stille bei der Dame und bietet am Ende einen weiteren Kontakt an. Sie hält die radikale Kontingenz in dieser Begegnung aus. Außerdem ist auffällig, wie aufmerksam sie die nonverbalen Signale der Pastorandin von (verweigerten) Blicken und Körperhaltung, aber auch die Raumgestaltung und die Kleidung wahrnimmt. Überhaupt wird in der Fallgeschichte die Bedeutung der nonverbalen Kommunikation wie das Handhalten deutlich, was in der Seelsorge auch dann weiterhelfen kann, wenn ein Gespräch unmöglich ist. Um den Angebotscharakter zu betonen, kann man die eigene Hand bewusst unter die des oder der anderen legen.

Der Seelsorgerin gelingt der Umgang mit den absoluten Grenzen von Seelsorge: das Verstummen, der Vorwurf, das Unfassbare, die eigene und die fremde Ohnmacht. Vielleicht hätte sie zusätzlich noch auf die (verständliche) Aggression der Pastorandin eingehen können. Diese erhebt an einem bestimmten Punkt das Wort, wenn auch mit geschlossenen Augen. Sie möchte offenbar Kontakt, obwohl sie dies scheinbar paradox mit Vorwürfen und Abwehr verbindet. Eine Alternative zu den eher kognitiven und manchmal nach Rechtfertigung klingenden Aussagen der Seelsorgerin hätte in einer Verbalisierung dieser Wut und Frustration bestanden. Sogar die bitteren Abschiedsworte der Kranken hätten noch mit einer entsprechenden Reaktion bedacht werden können. Trotzdem zeigt die Seelsorgerin in dem, was sie faktisch tut, eine »Kompetenz zur Inkompetenz«, das heißt einen realistischen Blick auf das, was angesichts radikaler Kontingenz möglich und was nicht möglich ist (vgl. Bauer/Kirschner 2013, S. 110–112). Sie drückt das doch Mögliche von Seelsorge auf vier Ebenen aus:

1. Zunächst ihre rituelle Intervention. Die Seelsorgerin knüpft damit an die Gebetspraxis an, die sie bei der Frau als Gemeindemitglied kennengelernt hat. Eine konventionelle Form, wie hier das Rosenkranzgebet, ist besonders hilfreich in Situationen, in denen es den Gesprächspartner*innen die Sprache verschlägt (vgl. Gärtner 2009, S. 248–250). Dann ist vielleicht noch ein bekanntes Ritual, Lied oder Gebet möglich. Ein individuelles Gebet dagegen, das den Seelsorgeanlass und die Lage der Betroffenen etwa als Klage

vor Gott trägt, ist in dieser Fallgeschichte kaum denkbar. Ebenfalls könnte es Widerstand bei der Pastorandin hervorrufen, wenn die Seelsorgerin einen barmherzigen und vergebenden Gott anriefe, denn dies widerspräche zumindest den momentanen Überzeugungen der Frau.

Zur rituellen Kompetenz der Seelsorgerin gehört weiterhin, dass sie die Kranke um Erlaubnis gefragt hat, zu beten. Eine Gefahr war nämlich, dass bei deren großer Angst vor einem strafenden Gott und dem Versuch, Buße für ihre Sünden zu leisten, ein traditionelles Format Abwehr hervorruft. Dass die Seelsorgerin letztlich stellvertretend betet, scheint für beide Seiten eine gute Lösung zu sein. Die pastorale Mitarbeiterin urteilt nicht über den Glauben der Frau und deutet ihn nicht humanwissenschaftlich, sondern findet im Ritual ein Grenzgebiet, das beide Seiten betreten können, auch wenn sie ansonsten vieles trennt. In den Worten der Seelsorgerin: »In all ihrer Verletzlichkeit hat sie mir ihre große Angst gezeigt, aber ich durfte mich ihr darin nicht nähern.« Gleichzeitig repräsentiert das Gebet etwas, das die momentane Not übersteigt. Vielleicht wären als zusätzliche Angebote aus dem katholischen Repertoire die Beichte oder eine Krankensalbung denkbar gewesen.

2. Die Seelsorgerin richtet ihr Handeln nicht nur isoliert auf die individuelle Person, sondern sie nimmt in einem systemischen Ansatz deren Familie und die Einrichtung mit in den Blick. Sie hatte auch nach dem Besuch noch Kontakt mit einer der Töchter. Die Kinder sind verlegen und beschämt, auch den Mitarbeitenden des Hospizes gegenüber. Sie können sich das Verhalten ihrer Mutter nicht erklären und machen sich Vorwürfe. »Niemals hätten sie die religiöse Erziehung zuhause als zwanghaft erfahren. Ihre Mutter war, obwohl sehr gläubig, in ihrer Grundhaltung progressiv gewesen und hätte den Kindern immer alle Freiheit bei ihren Entscheidungen gelassen.« Diese waren außerdem unendlich traurig, dass beinah kein Kontakt mehr möglich war.

Die Case Study enthält auch Hinweise darauf, wie die Seelsorgerin nach dem Kontakt gegenüber der Einrichtung agiert hat. Es kommt wegen des Todes der Kranken eine Woche später zu keinem weiteren Gespräch. Wohl gab es einen Austausch mit

der Seelsorgerin im Hospiz über deren letztlich vergebliche Bemühungen in der Sterbensbegleitung.
3. Zur Begründung der seelsorglichen Position lässt sich auf die Theorie der Präsenz (vgl. Baart 2004) zurückgreifen, auch wenn sie in der Fallbeschreibung nicht genannt ist. Diese Theorie wurde aus der empirischen Beobachtung der nachgehenden Straßen- und Nachbarschaftspastorale in den niederländischen Ballungszentren entwickelt. Ausgangspunkt waren die begrenzten Erfolge einer sogenannten interventionistischen Praxis. Diese versucht Menschen zu helfen, indem sie deren Lage zunächst als ein Problem definiert, für das eine bestimmte Profession eine Lösung hat. Diese Lösung wird den Bedürftigen angeboten, mit der Gefahr, dass deren Selbsthilfepotentiale verkümmern.

Es ist offensichtlich, dass ein solches Konzept bei der Seelsorge angesichts radikaler Kontingenz an seine Grenzen stößt. Eine Ergänzung zum interventionistischen Handeln liegt in der Idee der Präsenz. Es geht um die bewusste Anwesenheit im Augenblick, ohne Suche nach Auswegen, Erklärungen oder Lösungen. Gerade wenn wie in unserem Fall ein Gespräch schwierig ist, kann das absichts- und wortlose »being-*with*« in der Seelsorge wichtig werden (vgl. Nolan 2012). Das gilt insbesondere, weil andere Berufsgruppen oftmals nicht die Zeit haben, diesen Aspekt so stark zu berücksichtigen, wie sich die Mitarbeitenden dies wünschen.
4. Eine solche Präsenz ist nicht einfach neutral, sondern sie gibt wichtige Botschaften an die Pastorand*innen ab: Ich habe Zeit für dich; du darfst schweigen; ich urteile nicht; ich achte deine Grenzen; ich stehe dir bei; du musst nichts leisten; du kannst dich zeigen, wie du bist; ich bin treu. Die theologische Qualität besteht darin, dass die Seelsorgerin zum Personensymbol werden kann. In der Case Study wird sie bewusst als »jemand von der Kirche« um einen Besuch gebeten. Sie personifiziert für die Pastorandin eine Verbindung zur Glaubensgemeinschaft und damit zugleich, dass es noch ein Außen gibt, auch wenn sich die Frau beinahe allem und jedem verschließt.

Daneben können Seelsorgende als Personensymbole zum lebendigen Hinweis auf den Gott Jesu Christi werden (vgl. Borgman 2012). Auch wenn er nicht explizit zur Sprache kommt, drückt sich im seelsorglichen Handeln aus, was Gott für einen Menschen im Angesicht radikaler Kontingenz sein möchte. In unserem Fall steht die Seelsorgerin der Frau bei; das ist eine Form der Tatverkündigung. Sie weist die Treue und Liebe Gottes aus, der auch dann nahe sein will, wenn jemand diese Treue und Liebe in der unendlichen Angst vor göttlicher Strafe nicht (mehr) glauben kann.

Literatur

Baart, A. (2004): Een theorie van de presentie. Utrecht.
Barth, K. (1924): Das Wort Gottes und die Theologie. Gesammelte Aufsätze. München.
Bauer, C./Kirschner, M. (2013): An Differenzen lernen: Ergebnisse und Perspektiven. In: C. Bauer/M. Kirschner/I. Weber (Hg.). An Differenzen lernen. Tübinger Grundkurse als theologischer Ort (S. 101–114). Berlin.
Borgman, E. (2012): Een bevrijdende God in de gevangenis? Theologische reflecties op justitiepastoraat. In: T.W.A. de Wit/R. de Vries/R. van Eijk (Hg.). »Graag een normaal gesprek«. Geestelijk verzorgers aan het werk met gedetineerden (S. 11–22). Nijmegen.
Dillen, A./Gärtner, S. (2020): Discovering Practical Theology. Exploring Boundaries. Leuven/Paris/Bristol.
Gärtner, S. (2009): Zeit, Macht und Sprache. Pastoraltheologische Studien zu Grunddimensionen der Seelsorge. Freiburg i. Br./Basel/Wien.
Gärtner, S. (2017): Der Fall des niederländischen Katholizismus. Kirche und Seelsorge in einer spätmodernen Gesellschaft. Freiburg i. Br./Basel/Wien.
Geest, H. van der (1981): Unter vier Augen. Beispiele gelungener Seelsorge. Zürich.
Josuttis, M. (1991): Der Pfarrer ist anders. Aspekte einer zeitgenössischen Pastoraltheologie. München.
Maagdelijn, E./Verkoulen, M./Meerding, W. J./van Steenveldt, L./de Bekker, P. (2018): Geestelijke verzorging. Een inventariserend onderzoek naar de huidige situatie omtrent bereikbaarheid en financiering. Den Haag.
Miethner, R. (1998): Klinische Pastorale Vorming und Klinische Seelsorgeausbildung. Ein persönlicher Blick auf Unterschiede und Gemeinsamkeiten. In: S. Körver (Hg.). Corrigerende ervaringen. Leren in Klinische Pastorale Vorming en Pastorale Supervisie (S. 26–45). Eindhoven.
Nolan, S. (2012): Spiritual Care at the End of Life. The Chaplain as a ›Hopeful Presence‹. London/Philadelphia.
Plantier, E. (2001): De pastor als openbaar lichaam. Pastoraat en Klinisch Pastorale Vorming in Nederland. Utrecht.

Stefan Gärtner, Dr. theol. habil., ist Universitätsdozent an der Tilburg School of Catholic Theology, Tilburg University in den Niederlanden.

Thomas Wild

Ein Atheist sucht den Segen Gottes – prozessorientierte Krankenhausseelsorge

Die Fallsituation

Die Pflegefachperson der Inneren Medizin spricht den Seelsorger im Stationszimmer auf einen Patienten an, Herrn B., bei dem ein bösartiger Hirntumor diagnostiziert wurde und der oft traurig und verschlossen ist. Der Patient habe bisher jegliche psychosoziale, psychoonkologische oder seelsorgliche Unterstützung abgelehnt. Die Pflegefachperson bittet den Seelsorger, sich bei Herrn B. direkt vorzustellen und sich zu erkundigen, ob vielleicht doch Bedarf an einem Gespräch bestehe. Der Seelsorger tut dies noch am gleichen Vormittag. Er findet den Patienten am unteren Bettrand – die Seitengitter sind hochgezogen – wie ein Kleinkind in sich gekrümmt vor. Der Seelsorger fragt behutsam nach, ob er kurz stören dürfe. Auf die Frage des Patienten, wer er sei und was er wolle, stellt sich der Seelsorger in seiner Funktion als vom Krankenhaus angestellter Seelsorger vor.

S[eelsorger]: Mein Name ist Wild, Thomas Wild. Ich bin vom Spital als Seelsorger angestellt und auf der Abteilung hier zuständig für unterstützende Gespräche.
Herr B.: Danke für Ihr Angebot. Aber ich brauche keine Gespräche, schon gar nicht mit einem Pfarrer. Ich bin nämlich antichristlich. Aber besten Dank.

Der Seelsorger verabschiedet sich mit den Worten, dass er, der Patient, sich jederzeit an die Pflege wenden könne, falls er später eine Begegnung wünsche. Beim Verlassen des Zimmers begleitet den Seelsorger das Gefühl, hier sei noch nicht das letzte Wort gesprochen. Er rapportiert die kurze Begegnung und auch sein Gefühl an die Pflegefachperson. Zwei Tage später beobachtet er, wie eine weinende Frau jenes Krankenhauszimmer verlässt, in welchem Herr B. liegt. In der Lifthalle spricht er sie an:

S.: Entschuldigen Sie, wenn ich Sie so direkt anspreche. Ich bin hier zuständiger Seelsorger und war vor zwei Tagen in jenem Zimmer, das Sie soeben verlassen haben. Könnte es sein, dass dort Ihr Partner liegt?

Frau G.: Ja, Koni[1] ist mein Partner. Es geht ihm gar nicht gut, aber er will nicht reden, nicht einmal mit mir. Wer sind Sie? Herr Wild? Und Sie könnten auch mit uns beiden zusammen reden? Vielleicht würde ihm ein Gespräch zu dritt leichter fallen. Dann würde er merken, dass auch ich dringend Unterstützung brauche.

Der Seelsorger bittet sie, das Bedürfnis nach einem Gespräch zu dritt ihrem Partner mitzuteilen. Wenn er, der Seelsorger, nichts mehr höre, werde er zum vereinbarten Zeitpunkt eintreffen.

Die Wichtigkeit der Pflege als »gatekeeper«

Das Beispiel zeigt, wie wichtig die Pflegefachperson für das Zustandekommen von seelsorglichen Kontakten oft ist und als »gatekeeper« dient. Sie ist nahe beim Patienten oder bei der Patientin. Sie wird zur Zeugin seines oder ihres Ergehens. Sie achtet auf die Bedürfnisse und nimmt den Menschen in seiner physischen, psychischen, sozialen und spirituellen Dimension wahr. Sie kann, ohne dies groß begründen zu müssen, bisher Unausgesprochenes ansprechen. Die Selbstverständlichkeit alltäglicher Nähe schafft einen Vertrauensraum, innerhalb dessen auch die Empfehlung der Seelsorge angemessen ist. Damit Pflegefachpersonen ihren Part in der spirituellen Fürsorge optimal nutzen können, benötigen auch sie eine erhöhte Aufmerksamkeit und nicht selten auch etwas Mut zu direktiven Fragen. Marijke Noome nennt fünf Kernkompetenzen von Pflegenden im Bereich »Spiritual Care« (vgl. Noome 2016, S. 212–218):

---

1 Name geändert, Situation verfremdet.

Pflegende sollen
- sich mit ihrer persönlichen Spiritualität auseinandersetzen,
- spirituelle Bedürfnisse respektvoll erfragen,
- für eine stimmige Atmosphäre sorgen,
- auf die Möglichkeit professioneller Unterstützung hinweisen,
- über die Bedeutung von Seelsorge und Spiritual Care informiert sein.

Im Fallbeispiel entscheidet die Pflegefachperson trotz der ablehnenden Haltung des Patienten, den Seelsorger auf diesen aufmerksam zu machen. Im gegenseitigen Einverständnis geht der Seelsorger auf den Patienten zu, im Wissen darum, dass dies »grenzwertig« ist und insbesondere das Vertrauen des Patienten in die Pflegefachperson schwächen kann. Aus der Erfahrung heraus, dass Patient*innen ein Gesicht und einen respektvollen Auftritt einer Seelsorgefachperson positiver einschätzen als den Hinweis auf das bestehende seelsorgliche Angebot, scheint beiden – der Pflegefachperson und dem Seelsorger – der Schritt auf den Patienten hin angezeigt.

Die subtile Niedrigschwelligkeit des seelsorglichen Erstkontakts

Das Beispiel zeigt nun auch, wie anspruchsvoll sich der Kontakt vom ersten Moment an gestalten kann. Natürlich ist es vordergründig einfacher, wenn eine Patientin oder ein Patient seelsorgliche Unterstützung verlangen. Aber auch da lauern Gefahren, etwa jene der übergebührenden Selbstverständlichkeiten. In unserem Beispiel hatte der Patient nicht nur keinen Bedarf angemeldet, sondern sich gegen jede Unterstützung psychosozialer oder spiritueller Art gewehrt. Der Seelsorger war gewarnt. Im Bewusstsein, dass schon sein Auftritt eine Intervention ist – nämlich ein Unterbrechen der mentalen Verfasstheit des Patienten –, fragt er vorsichtig, ob er stören dürfe. Die direkte Gegenfrage des Patienten, wer er sei, erlaubt dem Seelsorger einerseits, sich namentlich und funktional vorzustellen, zwingt ihn andererseits auch, sofort Farbe zu bekennen.

Die Leichtigkeit in der Art und Weise, wie Seelsorgende das zu tun vermögen, kann zum entscheidenden Momentum für oder auch gegen die Weiterführung des Kontakts werden. Im Beispiel erfährt der Seelsorger erst mal eine Abfuhr. Die Wahrnehmung der Situation vor Ort – die bedauernswerte Gestalt in der unteren Betthälfte – und die Intuition lassen den Seelsorger bedenken, dass hier möglicherweise noch Handlungsbedarf entsteht. Er verabschiedet sich bewusst mit dem Hinweis auf einen offenen Ausgang und auf eine unprätentiöse Wiederaufnahme des Kontakts. Die Tücken liegen im Detail: Der Seelsorger könnte im Affekt sagen: »Falls Sie *doch noch* ein Gespräch wünschen ...« und damit den Eindruck erwecken, den Patienten eines Besseren belehren zu wollen oder beleidigt zu sein. Indem der Seelsorger nicht ein »Gespräch« – welches der Patient ja eben ausgeschlagen hat – in Aussicht stellt, sondern umfassender von einer weiteren *Begegnung* spricht, würdigt er einerseits den nur minimalen, gerade sich ereignenden Kontakt als »Begegnung« und deutet zudem an, dass es im Moment völlig offenbleiben darf, wozu eine Kontakterweiterung gut sein soll.

Das zeitnahe Abwägen der Interessen

Zum nächsten Termin wird der Seelsorger insofern eingeladen, als von der Partnerin keine Absage kommt. Sie ist im Zimmer des Patienten, als der Seelsorger anklopft. Die Situation, die er antrifft, unterscheidet sich vom Erstkontakt mit dem Patienten nicht nur durch die Anwesenheit von dessen Partnerin. Der Patient sitzt aufrecht am Bettrand. Der Seelsorger meint ein leichtes Schmunzeln in seinem Gesicht erkennen zu können. Das erleichtert den Einstieg. Es wird kurz geklärt, wie es zu dieser Verabredung gekommen ist. Daraufhin fragt der Seelsorger, was denn nun das Anliegen sein könnte. Sein Blick schweift zwischen den beiden hin und her. Frau G. versichert sich bei ihrem Partner, dass es in seinem Sinn ist, wenn *sie* eröffnet.

Frau G.: Koni und ich wissen nicht, wie lange er noch zu leben hat. Wir hoffen natürlich, dass er sich nochmals etwas erholen kann. Aber uns wurde gesagt, dass es auch schnell gehen könne. Ich wäre sehr dankbar, wenn wir über das Sterben und alles, was dazu gehört, reden könnten. Für Koni ist das sehr schwierig, was ich auch verstehe. Wir haben uns vor fünf Jahren kennengelernt und sind glücklich zusammen. Aber jetzt ist es, wie wenn etwas zwischen uns Platz genommen hätte. Ich fühle mich hilflos, ich bin überfordert. Dabei möchte ich doch eine gute Partnerin sein für Koni. Gerade jetzt.

Sie weint. Auch ihr Partner hat Tränen in den Augen. Der Seelsorger versucht, die emotionale Situation und den Schmerz, der zum Vorschein kommt, zu benennen. Er würdigt den Wunsch, auch in dieser belasteten Lebensphase nach dem zu suchen, was guttut und hilfreich sein könnte. Er fragt daraufhin den Patienten:

S.: Angenommen, Sie könnten die Gedanken Ihrer Partnerin lesen, was meinen Sie, was ihr helfen könnte, einen Schritt weiter zu kommen? Oder einen Schritt näher zu Ihnen und zu dem zu kommen, was Sie beide verbindet?
Herr B.: Ich habe schon vieles organisiert im Falle, dass es schnell dem Ende entgegengeht. Sie muss sich keine Sorgen machen. Ich bin ein sehr strukturierter Mensch und habe als Ingenieur viel mit Planung zu tun gehabt.
S.: Sie sagen damit ja, dass organisatorisch alles geregelt ist und entlasten damit Ihre Partnerin von möglichen Sorgen ungemein. Das ist sehr beeindruckend und berührend *(kurze Pause)*. Gibt es vielleicht andere Dinge, die nicht so einfach geregelt werden können und irgendwo in einem versteckten Winkel Kummer machen?
Frau G.: Ich möchte einfach, dass Koni mit seinem Leben versöhnt ist. Manchmal habe ich den Eindruck, dass ihn noch etwas belastet.

Der Seelsorger nutzt die Gunst der Stunde. Ihm scheint, dass im Rahmen dieser intimen Begegnung mit einem Paar, das um den angemessenen Umgang miteinander und mit der Ungewissheit kämpft, etwas von dieser Dynamik angesprochen werden will. Er ist bemüht, beide Seiten ins Boot zu holen und darauf zu achten, dass in dieser kniffligen Situation keine unangemessenen Rollen zugeteilt werden. Das bedingt einerseits Zurückhaltung, was die Inhalte betrifft, und andererseits ein mutiges Betreten der sich öffnenden Räume. Im Hintergrund könnten bisher kaum begangene Räume vorhanden sein, die zu jeder Partnerschaft gehören, erst recht zu jenen, die noch nicht durch Krisen geprüft und gestärkt worden sind. Beide sind dem Seelsorger zugewandt – eine Vertrauensbasis hat sich in kurzer Zeit spürbar eingestellt. Gleichzeitig ist die unterschiedliche Artikulation ein Zeichen dafür, dass die Bereitschaft für ein offenes Gespräch über das, was möglicherweise zwischen den beiden steht, noch nicht ganz ausgereift ist. Die vorsichtige und vage Redeweise ihrerseits und das leicht ausweichende Argumentieren seinerseits deuten subtil darauf hin.

Multiperspektivität und Prozessoffenheit

Wenn sich im Setting eines Krankenhauszimmers sehr kurzfristig ein Vertrauensverhältnis einstellt, lauert die Gefahr, zu viel zu wollen. Was sich unter dem verständnisvollen Blick einer von außen kommenden Person – hier jenem des Seelsorgers – leicht und verlässlich anfühlt, kann schon wenig später zu Angst- oder Schamgefühlen mutieren. Das bedeutet, dass die seelsorgliche Begegnung den Rhythmus der sich offenbarenden Sorgen, Klagen und Fragen oft etwas drosseln muss. Unterbrechungen bergen zwar das Risiko, dass bei einem nächsten Treffen alles, was sich an Kondensaten gebildet hat, verflossen ist oder sich verflüchtigt hat. Wenn es um Familiengeheimnisse oder persönliche Altlasten geht, ist indes eine überprüfte und gereifte Bereitschaft, etwas aussprechen und thematisieren zu wollen, hilfreich. Wie auch immer die Entscheidung ausfällt – es soll die Entscheidung der Ratsuchenden sein. Im Fallbeispiel ist noch völlig offen, was zur Sprache kommen soll und ob überhaupt etwas zur Sprache kommen soll. Diese Offenheit gegenüber dem weiteren Verlauf entlastet den Seelsorger von selbsterteilten Aufträgen – und unterstützt die Selbstbestimmung des Patienten und seiner Partnerin.

Der Seelsorger bedankt sich bei beiden für das Vertrauen und drückt ihnen seine Sympathie aus für das, was sie gerade leisten und ertragen. Er schlägt ihnen vor, dass sie nochmals zu zweit darüber beraten, was in einem möglichen Folgegespräch dran sein könnte. Damit ist nicht nur die Definitionshoheit, was die Inhalte der Gespräche betrifft, denen zugeteilt, um deren Leben und Beziehung es hier geht. Es ist auch die Voraussetzung dafür geschaffen, dass beide in gegenseitigem Einverständnis und Respekt die Dinge benennen können, die sie aus persönlichen oder partnerschaftlichen Gründen bisher nicht auszusprechen wagten.

Der freundliche Blick auf das, was leben will

Beim nächsten Treffen, drei Tage später, ist die Stimmung aufgeräumt. Beide strahlen, als der Seelsorger eintrifft, und teilen ihm mit, dass sie beschlossen hätten, zu heiraten.

Herr B.: Wir haben in unseren Gesprächen herausgefunden, dass wir noch heiraten wollen. Vielleicht ist das etwas verrückt, aber wir möchten das tun, auch zur Sicherheit von Susanne. Wir möchten es aber nicht einfach nur so formal tun, sondern mit ein paar Leuten feiern. Und da brauchen wir Ihre Hilfe, falls Sie helfen können. Wir haben zwar beide mit der Kirche nichts mehr am Hut. Aber irgendein Ritual und einen Segen, das möchten wir. Also vor allem Susanne. Ich aber auch. Nur dass es bei mir etwas komplizierter ist.

Der Seelsorger ist überrascht, zeigt dies aber nicht allzu sehr. Sich angesichts des Todes zu verheiraten, hat seines Erachtens auch etwas verzweifelt Hoffnungsvolles. Er entscheidet sich, auf die Seite des Hoffnungsvollen zu gehen:

S.: Das ist eine sehr schöne Idee. Ich hätte das nicht unbedingt erwartet, als wir uns das letzte Mal verabschiedet hatten. In diesen Tagen dazwischen ist offenbar etwas klar geworden zwischen Ihnen. Und jetzt vertrauen Sie mir dies an – vielen Dank! Nun habe ich gehört, dass Sie diesem Entschluss auch eine Form geben möchten. Haben Sie darüber auch schon reden können oder sogar bestimmte Vorstellungen *(schaut sie an)*?
Frau G.: Nein, eigentlich wissen wir nicht, wie das geht, ob man das überhaupt hier tun kann. Mir ist einfach wichtig, dass ich meine Liebe zu Koni offiziell machen und in einem kleinen Kreis bestätigen kann.

Das leise Gefühl, das den Seelsorger beschleicht, dient ihm, etwas anzusprechen, das für den weiteren Prozess wichtig sein könnte: Eine

(Not-)Trauung könnte den Eindruck erwecken, dass es auch um erbrechtliche Dinge geht, die jedoch nicht ausgesprochen werden wollen. Diese an sich völlig legitime Dimension eines Eheschlusses könnte im Umfeld einen größeren Part besetzen als beabsichtigt. Der Seelsorger beschließt deshalb, dieses Gefühl anzusprechen. Jedoch nicht, ohne das, was Frau G. eben benannt hat, aufzunehmen.

S.: Dass Sie in Ihrer belasteten Situation ein solch starkes Zeichen für das Leben und die Liebe setzen wollen, berührt mich. Sie sagen ja damit auch, dass die Bedrohung Ihrer Beziehung nichts anhaben kann. Ich weiß nicht, ob Sie das interessiert: Martin Luther, der Reformator aus dem 16. Jahrhundert, hat einmal auf die Frage, was er denn tun würde, wenn die Welt unterginge, geantwortet, er würde ein Apfelbäumchen pflanzen. Das ist für meine Empfindung ähnlich lebensfroh wie die Heirat, die Sie nun planen. Vielleicht hat beides ja auch eine kleine Protestnote in sich. Und wer weiß, vielleicht hat der große Theologe gar nicht so sehr an einen Weltuntergang geglaubt. Und sich deshalb gesagt, ich tue etwas für die Absicherung der Zukunft. Immerhin gibt es in ein paar Jahren ein paar Äpfel zu pflücken! – Schließlich ist Ihre eheliche Verbindung auch eine Klärung der Besitzverhältnisse. Oder sehen Sie das ganz anders?
Herr B.: Nein, das ist mir auch wichtig, obwohl ich schon vor einiger Zeit ein Testament aufgesetzt habe. Ich habe ja keine Kinder. Susanne nimmt niemandem etwas weg. Und das wissen unsere Freunde und Geschwister auch. Ich schätze aber sehr, dass man hier so offen reden kann über alles. Ich hatte das anders erfahren in meiner Familie. Ich musste alles auf die Goldwaage legen. Jetzt möchte ich das nicht mehr. Ich will niemanden mehr schonen müssen mit dem, was ich denke und glaube oder nicht glaube.

Das Gespräch entwickelt sich. Die anfänglich noch etwas beklemmende Situation weicht einer Offenheit. Beide werden mutiger und wagen Dinge anzusprechen – sie werden proaktiv in der Thematisierung ihrer Anliegen. Erste Fragen zur Gestaltung der Trauung können geklärt werden. Gleichzeitig vermeidet es der Seelsorger, zwei Aspekte anzusprechen: Die Eheschließung mit Herrn B., der keine Aussichten auf Heilung hat und dessen Lebenserwartung gering ist, wird seine Partnerin in Kürze zur Witwe machen. Der soziale Status einer Witwe ist zwar längst nicht mehr erniedrigend wie in vorindustriellen Gesellschaften (besonders, wenn die Frau kinderlos war) – ihm haftet aber auch heute ein latenter Stigmatisierungseffekt an (vgl. Kersten 2015). Im Bedeutungskontext der vom Paar getroffenen Entscheidung würde ein Nachfragen in diese Richtung jedoch keinen Sinn ergeben – es liefe vielmehr Gefahr, das Apfelbäumchen, das gerade gepflanzt wird, auszureißen.

Der andere Aspekt, der (noch) nicht aufgenommen ist, wird von Herrn B. angedeutet. Er ist offenbar in einem äußerst manierierten Haus aufgewachsen. Da muss seinem Empfinden nach etwas Zwanghaftes im Spiel gewesen sein: »*Ich musste alles auf die Goldwaage legen.*« Herr B. gibt ganz unvermittelt und erstmals etwas von seiner Biografie preis. Der Seelsorger nimmt davon Notiz, lässt es aber zumindest im Moment sein, den Hinweis als Einladung in einen weiteren Raum hinein zu deuten.

Selbstbestimmungsoasen

Seelsorgliche Begleitungen im Spital – aus der Begegnung wurde eine Begleitung – sind nicht selten voller Überraschungen. Das kann einerseits mit unvorhersehbaren, medizinischen Verläufen zusammenhängen. Oft aber auch sind es die betroffenen Patient*innen und Angehörigen, die die verbliebene »Restautonomie« nutzen – und ebendiese nicht zufällig gegenüber der Seelsorge artikulieren. Die radikale Patient*innen- und Angehörigen-Orientierung begünstigt den Freimut, Dinge zu sagen, die im System Krankenhaus eher wenig Gehör finden. Seelsorgegespräche zeichnen sich durch eine große Bereitschaft aus, auch in episodenhaften Mitteilungen das Suchen nach Selbstvergewisserung und Identitätswahrung zu erkennen. Zuweilen muss die Vergangenheit thematisiert werden, um die stürmische Gegenwart zu bändigen, und manchmal sind umständliche, langwierige Exkurse zu Nebenschauplätzen nötig, um Selbstbezüglichkeit zu ermöglichen. Die erzählerische Inszenierung des Erfahrungsschatzes, in dem unsere menschliche Wahrnehmung und unser Handeln gründen, dient in Krankheits- und Sterbeprozessen der Identitätswahrung (vgl. Wild 2021, S. 39).

Der Entscheid des Paares, vor der lauernden Sterbephase mit mutmaßlichem Verlust der Urteilsfähigkeit noch zu heiraten, kann als Rückeroberung einer »Provinz« betrachtet werden, in der das Paar nochmals agieren und reagieren kann. Im Kontext einer Hospitalisierung ist die Selbstbestimmung häufig sehr eingeschränkt: »In diesen Situationen sind wir vielfach nicht mehr Akteure unseres Lebens, sondern Erlebende und Erleidende, lateinisch gesprochen, ›Patienten‹« (Jox 2013, S. 45). Der sehnsüchtige Wunsch des Patienten und seiner Partnerin nach einem privaten Trauritual ist mit dem Perspektiven eröffnenden Blick auf eine Oase zu vergleichen. Die Aussicht auf diesen Akt der Selbstbestimmung gibt beiden Kraft und Mut, den ihnen zugemuteten Weg kraftvoll zu gehen. Die Organisation und möglicherweise auch die Durchführung des Rituals erhalten die volle seelsorgliche Unterstützung.

Erleben erzählen

Der Verlauf der Begleitung nimmt indes nochmals eine neue Wende: Nach dem letzten Gespräch meldet Herr B. via Pflege Bedarf für ein Einzelgespräch an. In diesem Einzelgespräch – es ist nach dem kurzen Erstkontakt vor knapp drei Wochen das erste Treffen mit dem Patienten allein – outet sich Herr B. als Kind eines stark pietistisch geprägten Elternhauses. Er sei die ganze Kindheit und auch in Jugendjahren sehr fromm gewesen. Erst mit dem Verlassen des elterlichen Heims und dem Beginn des Studiums habe er begonnen, sich von diesem religiösen Überbau zu lösen. Er habe sich immer radikaler abgegrenzt, bis zum Kontaktabbruch mit seinen Eltern, die ihn immer wieder bedrängt und ihm Schuldgefühle vermittelt hätten. Jetzt kämpfe er mit Gedanken, dass seine Krankheit doch eine Konsequenz seiner Abkehr von Gott und vom Glauben sein könnte. Er habe Hemmungen, mit seiner Partnerin darüber zu reden. Es sei ihm auch irgendwie peinlich, weil er sich stets als Atheist ausgegeben habe. Der Seelsorger fragt ihn darauf:

S.: Was empfinden Sie denn aus heutiger Sicht als erhaltenswert an diesem Glauben aus früheren Tagen?

Herr B.: Ich hatte eine Geborgenheit erfahren, die ich seither nie mehr spürte. Aber ich traue mich gar nicht mehr zu glauben, dass Gott mir nahe sein könnte und dass ich noch zu ihm beten dürfte.

S.: Sie haben also den Eindruck, dass Sie das Recht verloren haben, diesen Gott in Ihrem Leben zu erfahren und sich ihm anvertrauen zu dürfen?

Herr B.: Ja, ich habe so lange nicht mehr nach Gott gefragt und mich nur noch auf mich und meine Fähigkeiten verlassen. Und jetzt, da ich außer Gefecht bin und es dem Ende entgegengeht, kann ich doch nicht plötzlich wieder wie ein armer Bettler kommen.

S.: Könnte es sein, dass Sie das Bild eines gütigen und barmherzigen Gottes gegen das eines kleinkarierten Erbsenzählers eingetauscht haben? Oder bin ich jetzt etwas zu forsch?

Herr B.: Nein, nein. Es ist mir ja selber peinlich. Aber ich werde das Gefühl nicht los, dass Gott über mich enttäuscht ist und mich fallengelassen hat.

Das Gespräch nimmt einen so nicht zu erwartenden Fortgang und gewinnt an Tiefe. Herr B. vermag sich in seiner Verunsicherung zu zeigen. Der initial bekennende Atheist offenbart seine religiöse Identität. Angesichts ihres bevorstehenden Todes können Menschen oft alle Hemmungen fallenlassen und entdecken nicht (mehr) gelebte Facetten. Die entschiedene Ablehnung alles Christlichen und Religiösen durch Herrn B. steht vermutlich in einem engen Zusammenhang mit seinem Elternhaus, das er als sehr einengend und wenig lebensfreundlich empfunden hat. Nicht der pietistisch geprägte Glaube an sich, sondern das Verharren in Glaubensauffassungen und das Zementieren von Glaubensaussagen haben eine Integration der spirituellen Aspekte in die Identitätsentwicklung verhindert. Denn die Differenzierung zwischen Glaubensaussagen, Glaubensauffassungen und Glaubensüberlieferungen trägt entscheidend dazu bei, dass Glaube aus einer starren, prinzipiendominanten Dimension in einen von Erfahrung geprägten Wirklichkeitsbezug gerät (vgl. Wild 2021, S. 242 ff.). Der Seelsorger lenkt den Fokus weg von der Vergangenheit hin zur Gegenwart und der situativen Verfasstheit von Herrn B.:

S.: Unser Glaube ist ja immer auch etwas, was mit unserem Erleben, unseren Hoffnungen und Wünschen zu tun hat. Als dieser Glaube wirkt er in uns – ganz unabhängig davon, ob wir ihn mit Glaubensaussagen zum Ausdruck bringen oder nicht. Insofern haben Sie gar nie aufgehört zu glauben, zu hoffen und zu wünschen.

Herr B.: Ja, so gesehen stimmt das schon. Ich habe es einfach nicht mehr in einen Zusammenhang mit meinem Kinderglauben und all den Jesus-Geschichten gebracht.

S.: Genau, Sie haben die Glaubensüberlieferungen vor Jahren auf die Seite gelegt und sich von diesen Geschichten distanziert und vielleicht so ja auch emanzipiert. Ich will damit sagen, dass Sie auch gerade dadurch zu einem erwachsenen, eigenverantwortlichen Mann haben werden können.

Herr B.: Und jetzt merke ich, dass ich wieder wie ein Kind werde, abhängig von anderen Menschen und extrem bedürftig nach Nähe. Es ist, wie wenn ich alles verliere, an das ich mich geklammert und auf das ich mich verlassen habe.

S.: Darin könnten Sie ja auch etwas von der Wirklichkeit alles Lebendigen sehen. Dass alles, was wir uns angeeignet haben, wieder vergeht. Und dass gleichzeitig in allem auch etwas von der Wirklichkeit Gottes in unserem Leben sichtbar wird.

Herr B.: Das verstehe ich jetzt nicht ganz. Wie soll ich denn erkennen, dass dieser Gott immer noch mit mir zu tun haben soll?

S.: Ich kann das nicht für Sie beantworten. Aber ich glaube, dass wir in allen unseren Erfahrungen etwas von der Wirklichkeit Gottes erfahren, manchmal stützend und tragend, manchmal herausfordernd.

Herr B.: Dann wäre auch meine unheilbare Krankheit von Gott?

S.: So würde ich das nicht sagen. Aber ich würde Ihnen vorschlagen, auch in dieser Krankheit, aber mit Bestimmtheit auch im Geschenk der Liebe zu und von Ihrer Partnerin und letztlich in allem, was Ihr Leben ausmacht, den Hauch Gottes zu sehen oder zu suchen. Das setzt natürlich voraus, dass Sie das Verhältnis von Gott zu uns eher partnerschaftlich sehen – und nicht so steil von oben herab.

Herr B.: Das erinnert mich an Jesus, der doch auch ziemlich auf gleicher Höhe mit Gott war.

S.: Ganz genau. Und gleichzeitig auf gleicher Höhe mit den Menschen. Denken Sie an die Geschichte von den anvertrauten Talenten im

Lukasevangelium. Oder wie er Menschen fragte: »Was willst du, dass ich dir tun soll?« Damit zeigte er, dass wir immer auch gefragte Menschen sind. Und aus einer Freiheit heraus antworten und handeln sollen. Wir sind keine Marionetten. Wir dürfen eigene Wege gehen, manchmal sind es Irrwege, manchmal einfach Umwege. Das gehört zum Leben wie die Nacht zum Tag.

Herr B.: Würden Sie mit mir beten?

S.: Das werde ich gerne tun. Aber zuvor müsste ich von Ihnen wissen, was Sie denn in diesem Gebet Gott anvertrauen möchten.

Herr B.: Das weiß ich jetzt gar nicht so genau. Ich möchte einfach versuchen, mit Gott Fühlung aufzunehmen und ihm sagen, dass ich ihn nicht vergessen habe. Und dass es mir leidtut, dass ich so lange nicht mehr nach ihm gefragt habe.

S.: Das ist sehr berührend, wenn Sie das so sagen können. Und das ist ganz gewiss ein guter Einstieg in ein Gebet.

Der Seelsorger beginnt mit einem freien Gebet, in dem er einiges aufnimmt, was das Gespräch zum Vorschein gebracht hat. Etwas überraschend und doch nicht völlig unvermittelt beginnt Herr B., als der Seelsorger mit dem Unservater endet, selbst zu beten. Es ist ein verklärender Moment, aus dem heraus eine friedliche, stille Freude hervorgeht.

Fazit: Flexible Auftragsklärung und theologische Verortung

Die insgesamt über fünf Begegnungen dauernde Begleitung zeigt, wie in Seelsorgegesprächen oft überraschende, nicht geplante Motive zum Thema werden. Angefangen von der dezidierten Ablehnung der Seelsorge durch den Patienten über den Hilferuf von dessen Partnerin hin zu vertraulichen Paargesprächen rund um Sterben und Heiraten bis zu existenziellen Glaubensfragen mit abschließendem Gebetswunsch: Die impliziten Auftragserteilungen verlangen nicht nur immer wieder neue Auftragsklärungen, sondern auch eine Offenheit und eine Flexibilität in der Prozessgestaltung. Diese Flexibilität ist dem Vertrauensbildungsprozess geschuldet, der erst weitere, oft schambesetzte Themen generiert. Umgekehrt ist es auch möglich, dass Anfragen und Aufträge an Brisanz oder Aktualität wieder verlieren: Die Gestaltung der Trauzeremonie wurde vom Paar auf die Zeit nach der Hospitalisation verschoben. Bis auf das Formulieren eines persönlichen und situationsgemäßen Trauversprechens hatte der Seelsorger nichts mehr damit zu tun. Er erhielt einige Wochen später ein Dankesschreiben mit dem Hinweis, dass in einem kleinen Rahmen ein schönes und stimmiges Ritual stattgefunden habe. Formulierte Intentionen haben in der Krankenhausseelsorge – anders als bei Therapien – nicht dieselbe Verbindlichkeit. Dies kann auch als eine »passgenaue« Begleitung in ungewissen Lebensphasen gedeutet werden, die seelsorgliche Interventionen in akuten Krisen auszeichnet.

Auch in theologisch-hermeneutischer Perspektive ist Beweglichkeit von der Seelsorge gefordert. Die Selbstpositionierungen von Patienten, Patientinnen und Angehörigen, auf die es zu reagieren gilt, pendeln zwischen Ablehnung, Indifferenz und fest eingeprägten Glaubensvorstellungen hin und her – im Fallbeispiel sogar innerhalb desselben Settings. Längst nicht in jedem Fall ist eine explizite Thematisierung der theologischen Bedeutungsinhalte angezeigt. Hingegen sind die reflexiven und hermeneutischen Fähigkeiten einer sich theologisch verortenden Seelsorge als Deutungskompetenzen elementar, um auf einer Metaebene die menschliche »Sehnsucht nach Sinn« (Berger 1999) konstruktiv aufgreifen zu können. Nicht ganz zufällig manifestiert sich die Sinnsuche in unserem Fallbeispiel als ein Sehnen nach Kohärenz. Die frühere Sozialisierung des Patienten in eher rigiden Glaubenstraditionen mit durchaus relevanten Erfahrungs- und Geborgenheitspotentialen und die aktuelle, krankheitsbedingte Verlusterfahrung wollen – so die Interpretation – in einen verstehbaren Zusammenhang gerückt werden.

Theologie hat eine heilende Funktion in Kirche und Gesellschaft. Der heilende Aspekt liegt insbesondere in ihrer vermittelnden und aufklärenden Aufgabe. Sie liegt nicht einfach in der Verwendung von Schlüsselbegriffen wie Liebe, Gnade, Gerechtigkeit und Versöhnung, sondern in der Einbettung der oft kontrastreichen Erfahrungen in die ebenfalls disparaten biblischen Traditionen. Diese müssen immer wieder neu und situativ im Zusammenspiel zwischen geglaubter und überlieferter Erfahrung interpretiert werden. »Das Zitieren einzelner Bibelstellen hat noch niemals Lösungen garantiert« (Ritschl 2008, S. XX).

Das Wiedererkennen von Gottes Gegenwart in unseren Lebensgeschichten basiert einerseits auf überlieferten Geschichten, anhand derer frühere Ereignisse interpretiert werden. Und andererseits im Erzählen von Erlebnissen und Lebenserfahrungen, die aufgrund des Glaubens kritisch gedeutet werden. Damit öffnet sich ein riesiges Feld von offenen, plausiblen und rätselhaft-verborgenen Zusammenhängen, in denen uns die Wirklichkeit mit ihren Herausforderungen begegnet. Interpretation geschieht nicht aus einem »Prinzip« heraus, sondern aufgrund von konkreten Anlässen. Die Deutungsmuster liegen nicht einfach offen zu Tage – im Gegenteil: Gott ist nach jüdisch-christlicher Glaubensauffassung in den menschlichen Widerfahrnissen »nur« gebrochen erfahrbar.

Herr B. hat durch seine einseitig geprägte Frömmigkeit diese Gebrochenheit weder auflösen noch in ein Weltbild integrieren können, das ihm erlaubt hätte, auch nach seiner Abkehr vom Elternhaus glauben zu können. So wie er vermutlich in seiner ersten Lebensphase alle Erlebnisse in einem geschlossenen Rahmen interpretiert hat, so hat er später seine Erfahrungen von einem theologischen Referenzrahmen kategorisch ausgeschlossen. Es bedurfte der Krise, der fachlichen Auseinandersetzung (Pflege, Seelsorge) und der persönlichen Zuwendung (Partnerin) sowie seines eigenen Willens, um diese Dichotomie zu überwinden.

Literatur

Berger, P. L. (1999): Sehnsucht nach Sinn. Glauben in einer Zeit der Leichtgläubigkeit. Gütersloh.
Jox, R. J. (2013): Sterben lassen. Über Entscheidungen am Ende des Lebens. Reinbek.
Kersten, A. (2015): Opferstatus und Geschlecht. Entwicklung und Umsetzung der Opferhilfe in der Schweiz. Zürich/Genf.
Noome, M. (2016): End-of-Life-Care in the ICU. The Role and Responsibilities of ICU Nurses. Journal of Hospice & Palliative Nursing, 18 (3), 645–661.
Ritschl, D. (2008): Bildersprache und Argumente. Theologische Aufsätze. Neukirchen-Vluyn.
Wild, T. (2021): Seelsorge in Krisen. Zur Eigentümlichkeit pastoralpsychologischer Praxis. Göttingen.

Thomas Wild, Pfarrer Dr. theol., MAS Pastoral Care and Pastoral Psychology Unibe, ist Systemtherapeut, Paar- und Familienberater und Krankenhausseelsorger im Universitätsspital Bern. Seit 2020 ist er Geschäftsleiter der Aus- und Weiterbildung in Seelsorge, Spiritual Care und Pastoralpsychologie Schweiz (AWS) mit Sitz an der Universität Bern.

Claudia Graf

»Es hat keinen Sinn, mit Ihnen zu reden. Sonst kommen mir noch Tränen.« — Seelsorge im System Spital

Die Fallsituation

Es ist Freitag, späterer Nachmittag: Die zuständige Pflegefachfrau des Spätdienstes auf einer allgemeinchirurgischen Abteilung ruft die Seelsorgerin an und fragt, ob sie noch Kapazitäten hätte für eine schwierige Situation. Herr Niederberger[1] will unbedingt nach Hause, wovon aber ärztlicherseits dringend abgeraten wird. Er ist aufgebracht und reagiert zunehmend aggressiv gegenüber dem Behandlungsteam. Als die Seelsorgerin nach kurzer Rücksprache mit der Pflegefachfrau an die Türe klopft und ins Zimmer tritt, findet sie den Patienten angezogen auf dem Bett liegend. Auf die Begrüßung reagiert Herr Niederberger zunächst nonverbal, indem er die Augen schließt und sich von der Türe wegdreht. Die Seelsorgerin tritt näher und erläutert ihr Angebot, den Austrittswunsch des Patienten verstehen zu wollen und mit ihm einen Ausweg aus der blockierten Situation zu suchen. Der Patient hört sich das eine Weile an und erklärt schließlich: »*Es hat keinen Sinn, mit Ihnen zu reden. Sonst kommen mir noch Tränen.*« Das ist einerseits eine deutliche Ansage, dass die Seelsorgerin rasch wieder gehen soll. Und andererseits ein versteckter und doch klar ersichtlicher Hinweis, den Patienten in seiner Not nicht alleine zu lassen. Es gelingt durch sorgfältige räumliche und verbale Annäherung, ein Vertrauensverhältnis aufzubauen, bis der Patient sich im Bett aufsetzt, die Seelsorgerin anschaut und zu erzählen beginnt. Er sei am Mittwoch über den Notfall eingeliefert und

---

[1] Name geändert, Situation verfremdet.

stationär aufgenommen worden wegen zunehmender Schwäche und akuter Atemnot. Am Donnerstag habe ihn ein Spezialist untersucht und ihm gesagt, er müsse dringend operiert werden. Für den Eingriff müsse er in ein anderes Spital verlegt werden, und bis dahin brauche er eine strikte Überwachung. Ein Austritt nach Hause sei nicht zu verantworten. Übers Wochenende müsse er nun sicher hierbleiben. Herr Niederberger hörte den Vorwurf, er sei selber schuld an der misslichen Lage, habe viel zu lange gewartet, hätte vorher handeln sollen. »*Ich wusste ja, dass etwas nicht in Ordnung ist. Aber ich hatte schon genug um die Ohren. Meine Arbeit habe ich zwei Jahre vor der Pensionierung verloren. Es hat lange gedauert, bis ich eine günstigere Wohnung gefunden habe. Dann musste ich rasch umziehen.*« Er äußert große Angst vor dem Eingriff und schildert, dass er unbedingt vorher noch nach Hause müsse. Zwar schaue eine Nachbarin zu seiner Wohnung und der Katze. Aber diese sei sehr scheu und lasse sich von niemand anderem pflegen als von ihm.

Die Seelsorgerin lernt einen älteren, alleinstehenden Patienten kennen, dessen Leben durch den Stellenverlust und die Erkrankung ins Wanken geraten ist. Er hat sich darum bemüht, trotzdem im Gleichgewicht zu bleiben. Es entsteht der Eindruck eines Mannes, der zeitlebens für seine Würde und seine Stellung im Leben kämpfen musste. Er scheint gelernt zu haben, dass man sich wehren muss, wenn man nicht unter die Räder kommen will. Jetzt ist er akut geschwächt und verängstigt. Unter Druck will er nur raus hier, wo ihn ohnehin niemand versteht. Beim Zuhören entscheidet sich die Seelsorgerin, relativ rasch zu intervenieren: Die Situation scheint ihr unklar, sie braucht mehr Informationen. Darum unterbricht sie das Gespräch mit Herrn Niederberger und vereinbart mit ihm, dass sie sich mit der Pflegefachfrau bespricht und so rasch wie möglich wieder zurückkommt. Von der Pflegefachfrau erhält sie dann die Bestätigung, dass die Situation wirklich unklar ist. Seinen Befund hat der Spezialist dem Patienten erst mündlich bei der Untersuchung mitgeteilt. Im Klinikinformationssystem findet sich noch nichts dazu, und von der Stationsärztin weiß die Pflegefachfrau nur, dass der Patient übers Wochenende bleibt und Wasser in der Lunge medikamentös ausgeschwemmt wird. Bis am Montag laufe sonst nichts, regulär sei niemand mehr von den zuständigen Ärzt*innen verfügbar, die Situation wiederum nicht so dringend, dass es den Notfalldienst bräuchte. Das ist zwar unbefriedigend, gibt der Seelsorgerin aber klare Anhaltspunkte für das weitere Gespräch mit Herrn Niederberger. Allein die Tatsache, dass sie wie versprochen umgehend zu ihm zurückkehrt, bestärkt das Zutrauen. Dank ihrer Vertrautheit mit institutionellen Abläufen kann die Seelsorgerin dem Patienten glaubwürdig vermitteln, wie der Spitalbetrieb läuft. Sie zeigt großes Verständnis dafür, dass es für Herrn Niederberger fast nicht auszuhalten ist, nun einfach übers Wochenende warten zu müssen. Sie vermittelt aber auch die Aussicht, dass es nächste Woche mehr Informationen gibt, und ermutigt den Patienten, seine Anliegen und Ängste bei der Visite am Montag anzusprechen: Er sei der Entscheidungsfindung nicht einfach ausgeliefert, sondern könne sich an ihr beteiligen. Als Anker verspricht sie, Anfang der Woche wieder zu kommen und übers Wochenende im Notfall erreichbar zu sein. Das gibt dem Patienten die Zuversicht, die einbrechende Nacht und die kommenden Tage im Spital zu überstehen. Die Seelsorgerin verabschiedet sich, informiert die Pflegefachperson über die aktuelle Lage und den Notfallplan der Seelsorge, der allerdings nicht zum Einsatz kommt.

Im Verlauf der folgenden Woche klärt sich die Situation dahingehend, dass der Patient in stabilisiertem, aber weiterhin prekärem Zustand auf eigene Verantwortung bis zur präoperativen Sprechstunde im anderen Spital nach Hause entlassen wird. Die zweite Begegnung mit der Seelsorgerin eröffnet Herr Niederberger mit der Bemerkung: »*Ich hätte nie gedacht, dass mir ein Gespräch mit Ihnen so guttäte.*« Eigentlich habe er nichts am Hut mit Religion und sei längst aus der Kirche ausgetreten. Im weiteren Verlauf vertraut er der Seelsorgerin eine biografische Episode an, welche seine Angst vor einer längeren Hospitalisation und Operation erklärt.[2] Das Vertrauensverhältnis erträgt die Frage der Seelsorgerin, ob sie diese wichtige Information dem medizinischen Behandlungsteam weiterleiten dürfe. Herr Niederberger gibt seine Zustimmung. Im Hinblick auf den Austritt vereinbaren der Patient und die Seelsorgerin, dass sie elektronisch und

---

2 Der Inhalt dieser Episode untersteht dem engeren Seelsorgegeheimnis und wird hier bewusst nicht ausgeführt.

telefonisch miteinander in Kontakt bleiben.[3] So erfährt die Seelsorgerin im weiteren Verlauf, dass die präoperative Sprechstunde weitere Klärung gebracht hat. Herr Niederberger schreibt: »*Am x.x. ist es so weit, muss ich einrücken, am Dienstag wird die OP sein. Und die Angst bleibt, ich merke erst jetzt, dass ich noch am Leben hänge, was ich in den letzten vier Jahren manchmal vergessen habe. Ich melde mich wieder, wenn ich zurück bin.*« Die Seelsorgerin bleibt am Ball. Und ein paar Monate nach dem Eingriff treffen sich die beiden zu einem vorläufig abschließenden Tee im Spital der Seelsorgerin.

Humanwissenschaftliche Reflexion

Die seelsorgliche Begegnung kommt zu Stande und beginnt als psychosoziale Krisenintervention zur Deeskalation einer schwierigen Situation. Die Seelsorgerin wird im Rahmen der interprofessionellen Zusammenarbeit beigezogen und nutzt ihre institutionelle Einbindung, um die Situation zu beruhigen. Dabei ist es hilfreich, dass sie zum einen vertraut ist und eingebunden, zum anderen bereits durch ihre Zivilkleidung und auch beim Erläutern ihres Angebots vermittelt, dass sie unabhängig ist vom medizinischen Behandlungsauftrag. Sie gewinnt durch ihre Präsenz und direktive Gesprächsführung das Vertrauen des Patienten. Ein wesentlicher Teil der Krisenintervention besteht in Psychoedukation. Der Patient fühlt sich in die Enge getrieben und reagiert panisch-aggressiv. Dies löst bei ihm Scham aus und verstärkt die Angst. Die notfallpsychologische Botschaft der Seelsorgerin lautet: »Das ist eine normale Reaktion auf eine ›unnormale‹ Situation.« Herr Niederberger fühlt sich verstanden und ernst genommen, die Situation beruhigt sich, die Seelsorgerin kann sich verabschieden und nach Rücksprache mit der Pflegefachfrau die erste Begegnung beenden. Seelsorge erweist sich darin als »qualifiziertes Begegnungsangebot« (Positionspapier der Berufsvereinigungen der

---

3 Dieses Angebot auch einer Begleitung über die Hospitalisation hinaus ist einerseits eine bewusste Entscheidung der Seelsorgerin, liegt andererseits an der spezifischen Situation eines Regionalspitals, in dem die Vernetzung über die Grenzen des Spitals hinaus besonders wichtig ist. Wenn möglich vernetzt die Seelsorgerin austretende und ausgetretene Patient*innen mit dem zuständigen Gemeindepfarramt oder anderen lokalen Diensten.

Spital-, Heim- und Klinikseelsorgenden in der Schweiz 2015, S. 3). Durch die interprofessionelle Einbindung erhält die aufsuchende Bewegung eine größere Verbindlichkeit. Die Seelsorgerin sucht den Patienten auf und bietet ihre Begleitung an. Gerufen oder gewünscht hätte er die Seelsorgerin von sich aus auf keinen Fall. Und bei der Besuchsplanung der Seelsorgerin hätte der Patient ohne Anruf der Pflegefachfrau keine Priorität gehabt, weil er a) erst seit zwei Tagen im Spital war, b) auf der allgemeinchirurgischen Abteilung lag und sich c) bei Spitaleintritt als konfessionslos bezeichnet hatte. Dass sie nicht wirklich willkommen war, gab Herr Niederberger der Seelsorgerin klar zu verstehen. Aber seine offensichtliche Not und der interprofessionelle Auftrag bewogen die Seelsorgerin, über die erste Kontaktnahme hinaus auf das Zustandekommen einer tragenden Beziehung und eines vertieften Gesprächs hinzuarbeiten. Sie nahm die Zurückhaltung des Patienten wahr und ging bei aller Beharrlichkeit mit der nötigen Sorgfalt vor. Mit vereinten Kräften und auch dank der notfallpsychologischen Schulung der Seelsorgerin gelang es, die ursprüngliche Abwehr zu überwinden und in eine konstruktive Begegnung umzuwandeln, was Herr Niederberger später mit den erwähnten Worten *»Ich hätte nie gedacht, dass mir ein Gespräch mit Ihnen so guttäte«* quittierte. Es bestätigte sich auch durch den weiteren Verlauf der Beziehung, die über eine Krisenintervention hinaus insofern eine therapeutische Qualität hatte, als sie hilfreich war und einen positiven Einfluss hatte.

Theologische Reflexion

Als spezifisch seelsorglich und damit theologisch qualifiziert seien drei Aspekte der Seelsorgesituation benannt:

Erstens ist kaum eine Berufsgruppe im Spital wenigstens grundsätzlich dermaßen frei verfügbar wie die Seelsorge. Dies betrifft sowohl die Niederschwelligkeit ihres Angebots als auch ihre Präsenz unter anderem am Freitag über die »normalen« Dienstzeiten hinaus inklusive Bereitschaft, im Notfall auch am Wochenende zu kommen, sowie die freie Gestaltung der weiteren Begleitung im Spital und darüber hinaus. Darin spiegelt sich der kirchliche Dienst an Gesellschaft und Institution, wie er in vielen Grundlagendokumenten insbesondere von Landeskirchen als öffentlich-rechtlichen Institutionen formuliert wird und sich explizit an alle Menschen, unabhängig von ihrer Religions- und Konfessionszugehörigkeit, richtet.[4] In der von der Reformierten Kirche des Kantons Zürich herausgegebenen Publikation »Seelsorge gestalten« beispielsweise wird diese Grundhaltung mit zwölf Merkmalen umschrieben, von denen die ersten beiden lauten: »Da, wo Menschen leben, ist reformierte Seelsorge präsent.« Und: »Da, wo Menschen mitten im Alltag sind, setzt reformierte Seelsorge Akzente« (Reformierte Kirche Kanton Zürich 2019, S. 19 f.).

Zweitens nutzt die Seelsorgerin ihre hermeneutischen Fähigkeiten, um die Situation zu verstehen und übersetzend tätig zu sein für den Patienten selber und für die Kommunikation zwischen ihm und dem medizinischen Behandlungsteam. Sie hat als Theologin gelernt, Situationen wie Texte zu lesen, zu interpretieren und zu übersetzen. Sie kann damit zum besseren Verständnis des Patienten und seiner Situation beitragen und Herrn Niederberger helfen, selbst zu verstehen, was mit ihm geschieht. Dies ermöglicht ihm später, der Seelsorgerin eine biografische Episode anzuvertrauen, die ihn prägt und plagt, aber auch eine Erkenntnis, die im folgenden Abschnitt dargelegt wird.

Drittens kommt in der Begegnung die »Hoffnungsperspektive« zum Tragen, »dass sich Gott den Menschen und der Welt zuwendet. […] Seelsorgende kennen die Verheissung eines ›Lebens in Fülle‹ für alle. Sie setzen sich dafür ein, dass gerade auch Menschen an den Rändern der Gesellschaft ihr Potential entfalten können. Gleichzeitig wissen sie: Jedes Leben bleibt ein Fragment. Menschen können immer nur einen Teil ihrer Möglichkeiten realisieren. Sie bleiben auf Trost, Vergebung und Erlösung angewiesen« (Positionspapier der Berufsvereinigungen der Spital-, Heim- und Klinikseelsorgenden

---

4 Vgl. zum Beispiel: »Die Evangelisch-Reformierte Landeskirche des Kantons Luzern […] lebt aus Gottes befreiender Zuwendung zur Welt und zu den Menschen. Sie hat den Auftrag, das Evangelium von Jesus Christus in Wort und Tat zu bezeugen.« https://www.reflu.ch/landeskirche/Service/Download-Center/Gesetzestexte/11.010-Verfassung.pdf (Zugriff am 1.12.20); hier § 1. Grund und Auftrag, Absatz 2.

in der Schweiz 2015, S. 2, 5).[5] Herr Niederberger, der durch sein aggressives Verhalten auf der Abteilung als »schwierig« galt, gab dieser existentiellen Grunderfahrung mit seinen eigenen Worten wunderbar Ausdruck, indem er, wie bereits aufgeführt, später in einer E-Mail schrieb und der Seelsorgerin anvertraute: »*Und die Angst bleibt, ich merke erst jetzt, dass ich noch am Leben hänge, was ich in den letzten vier Jahren manchmal vergessen habe. Ich melde mich wieder, wenn ich zurück bin.*«

Selbstreflexion der Seelsorgerin in der Ich-Form

Durch die Nennung der drei Aspekte im vorangehenden Teil sind bereits wesentliche Komponenten meines Rollenverständnisses ausgedrückt. Darüber hinaus stellten insbesondere die ursprüngliche Abwehrhaltung des Patienten und sein Satz »*Es hat keinen Sinn, mit Ihnen zu reden. Sonst kommen mir noch Tränen.*« nicht nur fachlich, sondern auch biografisch einen Steilpass dar, mich für den Patienten und in der Situation zu engagieren. Mein Theologiestudium habe ich trotz erheblicher Zweifel daran, dass ich »genügend gläubig« sei und auch hinreichend motiviert, mich mit biblischen Schriften, Kirchengeschichte und Dogmatik auseinanderzusetzen, begonnen, gestaltet und abgeschlossen. Mein Vikariat und die Tätigkeit in einer Kirchgemeinde haben mir zu meinem nicht geringen Erstaunen gezeigt, dass ich auch einen Zugang fand zu »frommen« Kirchenmitgliedern, von denen eines meine feministische Grundhaltung einmal wie folgt kommentierte: »Ich habe immer gemeint, Feminismus sei etwas Verwerfliches. Aber nun habe ich gemerkt, dass man mit Ihnen ja einfach reden kann. Wenn Sie also sagen, dass Sie feministisch seien, dann kann das ja nicht so etwas Schlimmes sein.« Bis heute kenne ich die Angst, »aus dem Rahmen zu fallen«, nicht den gängigen Vorstellungen von »Glauben« zu entsprechen, auf Unverständnis zu stoßen mit meinen Ansichten. Mein Engagement in der Spitalseelsorge ist immer dann besonders stark, wenn ich wie bei Herrn Niederberger hinter einer Abwehrhaltung nicht nur eine Not, sondern

---

5 Die Autorin erlaubt sich das ausführliche Zitat, weil sie selber am Positionspapier wesentlich mitgearbeitet hat.

auch Menschen wahrnehme, für die das Heilsame und Segensreiche von »Kirche« und »Religion« nicht selbstverständlich sind. Deshalb hat mich die positive Rückmeldung auch besonders gefreut. Und dass er im Austausch mit mir die Worte gefunden hat, »*ich merke erst jetzt, dass ich noch am Leben hänge*«, ist für mich Ausdruck von Gnade. Selbstverständlich kenne ich auch die verschiedenen Fallen der beschriebenen biografischen Prägung. Aber für den vorliegenden Sammelband war eine Seelsorgebegegnung gefragt, die als gelungen empfunden wurde. Und darum wage ich es, den persönlichen Bezug ohne weitere Problematisierung offen zu legen und stehen zu lassen.

Seelsorge und ihr Sitz im Leben des Spitals

Zwei Aspekte dienen zur Begründung der seelsorglichen Position und des Gesamtverständnisses von Pastoraltheologie, die in der geschilderten Seelsorgesituation zum Ausdruck kommen: Erstens erweist sich das Verständnis zeitgemäßer Seelsorge im Spital nicht nur als Krankenseelsorge, sondern vor allem auch als Kranken*haus*seelsorge (vgl. Klessmann 2022, S. 351). Ohne institutionelles Zusammenspiel wäre die Begegnung mit Herrn Niederberger gar nicht zu Stande gekommen. Interprofessionelle Einbettung fällt nicht vom Himmel. Neben individueller Arbeit braucht es dazu vertiefte Kenntnisse im Schnittbereich von Theologie und Kirche auf der einen sowie Medizin und Gesundheitswesen auf der anderen Seite. Moderne Spitalseelsorgende müssen fähig sein, sich als kompetente Fachpersonen in die klinische Praxis und übrigens auch in den akademischen Diskurs einzubringen sowie mit anderen Berufsgruppen zusammenzuarbeiten.

Dies führt zum zweiten Punkt: Während im angelsächsischen Kontext um die Jahrtausendwende ein Paradigmenwechsel stattgefunden hat und »chaplains« heute als »health care professionals« verstanden werden, die weitgehend unabhängig sind von Kirchen oder anderen Religionsgemeinschaften, ist die Spitalseelsorge im deutschsprachigen Raum bis heute weitgehend ein kirchlich getragener oder mandatierter, konfessionell gebundener oder orientierter Dienst. Seelsorgende in Spitälern und Kliniken bewegen sich als Angehörige der geistlichen Profession professionssoziologisch gesehen auf fremdem Terrain. Im Unterschied zur Gemeindepfarrerin, die ihre hospitalisierten Gemeindemitglieder besucht und dann wieder in ihre Gemeinde zurückkehrt, ist die Spitalseelsorgerin Teil des komplexen Systems Spital (vgl. Graf 2020, S. 293). Sie geht in diesem System nicht auf, sondern bringt ihr spezifisches Profil ein. Wie das Beispiel von Herrn Niederberger zeigt, im gelingenden Fall im Dienste der Situation und der darin involvierten Menschen.

Literatur

Graf, C. (2020): Dokumentation und Professionalität in der Spitalseelsorge, In: S. Peng-Keller/D. Neuhold/R. Kunz/H. Schmitt (Hg.). Dokumentation als seelsorgliche Aufgabe. Elektronische Patientendossiers im Kontext von Spiritual Care (S. 291–306). Zürich.

Klessmann, M. (2022): Seelsorge. Begleitung, Begegnung, Lebensdeutung im Horizont des christlichen Glaubens. Ein Lehrbuch (6. Aufl.). Neukirchen-Vluyn.

Meyer Kunz, S./Jaun, C./Niggeli, H. (Hg.) (2015): Positionspapier der Berufsvereinigungen der Spital-, Heim- und Klinikseelsorgenden in der Schweiz. https://bsg-apa.ch/faq-items/positionspapier/ (Zugriff am 27.10.2022).

Reformierte Kirche Kanton Zürich (Hg.) (2019): Seelsorge gestalten. nahe–vielfältig–profiliert. Zürich.

Claudia Graf, Pfarrerin Dr. theol., ist Seelsorgerin im Spital SRO Langenthal und Kirchlicher Bezirk Oberaargau sowie Studienleiterin des Studiengangs Spital- und Klinikseelsorge (SPKS) der Aus- und Weiterbildung in Seelsorge, Spiritual Care und Pastoralpsychologie Schweiz (AWS) mit Sitz an der Universität Bern.

Frank Stüfen

»Ohne Schmerz weiß ich gar nicht, dass es mich gibt.« — Seelsorge im Gefängnis

Fallschilderung und Wahrnehmung der Situation

Seit über einem Jahrzehnt habe ich in der Justizvollzugsanstalt (JVA) seelsorglichen Kontakt mit Herrn G.[1] Er ist seit den 1980er-Jahren wegen verschiedener Delikte inhaftiert. Die Beziehung zwischen Herrn G. und mir war zu Beginn meiner Tätigkeit in der JVA intensiv, danach flachte sie ab. Nachdem seine langjährige Partnerin und nahezu einzige Bezugsperson außerhalb des Gefängnisses durch einen Suizid aus dem Leben geschieden war, gab es wieder häufigere Seelsorgebegegnungen. Dieser Tod traf ihn schwer. Seine Reaktionen waren aber anders als zu früheren Zeiten. Herr G. konnte vor Jahren seine Frustrationstoleranz kaum beherrschen und reagierte überbordend aggressiv. Ich erlebte Herrn G. nun als traurig, aber auch als kontrolliert. Als ich ihm dies zurückspiegelte und meine Anerkennung dafür ausdrückte, wie er mit dieser schmerzhaften Situation umging, sagte er einen Satz, der zu weiteren Gesprächen führte: »*Herr Pfarrer, ich wäre so froh, wenn einmal jemand sehen würde, wie sehr ich mich verändert habe.*« Meine Rückfrage, ob das nicht in all den Berichten nachzulesen sei, die über ihn existieren, verneinte er. Da er keine forensisch-psychiatrische Therapie hatte, gäbe es praktisch keine Dokumente zu möglichen Veränderungen bei ihm. Auch die Vollzugsberichte würden sich gleichen, da er nie den Kontakt zum Sozialdienst gesucht habe. Als ich nach Urlaubs-

---

1 Name geändert, Situation verfremdet.

berichten als Quelle für die Dokumentation persönlicher Entwicklung bei ihm fragte, stellte sich heraus, dass keine verfasst worden waren. Im Maßnahmenvollzug wird nur berücksichtigt, was schriftlich dokumentiert wurde. Nachdem ich dies angesprochen hatte, beauftragte mich die fallführende Behörde, einen Bericht abzugeben. In diesem sollte dargestellt werden, inwiefern und wodurch sich Herr G. in persönlichkeits- und deliktrelevanten Bereichen meines Erachtens verändert habe. Dazu musste das Amts- und Seelsorgegeheimnis schriftlich durch den Gefangenen, das Amt für Justizvollzug und einen Kirchenratsbeschluss aufgehoben werden. Für die Erstellung dieses Berichts trafen sich Herr G. und ich ein halbes Jahr lang wöchentlich zu zwei Sitzungen. Unter diesen Vorbedingungen kam es zu folgender Seelsorgesituation:

Herr G.: Darf ich hereinkommen? Grüezi Herr Pfarrer.
S.: Hallo, ja kommen Sie herein. Möchten Sie einen Kaffee?
Herr G.: Nein, danke! Sie tun mir leid, Herr Pfarrer.
S.: Wieso denn?
Herr G.: Na, weil Ihr Leben so arm ist, dass Sie mit jemandem wie mir sprechen müssen. Wollen Sie nicht lieber zu Ihrer Familie? Oder will die nichts mit Ihnen zu tun haben?
S.: Das ist nett von Ihnen, dass Sie sich Sorgen machen, aber ganz unnötig. Ich freue mich, mit Ihnen zu reden. Und wenn es Sie beruhigt: Ich werde dafür bezahlt.
Herr G.: Dann ist es ja gut, dann können wir ja loslegen. *(Es folgt eine Klärung über das Thema.)*
S.: Tatsächlich habe ich eine Frage, Herr G.: Ich sehe die Narben auf Ihren Unterarmen. Ich stelle mir das extrem schmerzhaft vor! Das hat sicher wehgetan. Wie kam es zu diesen Narben?
Herr G.: Nein, das hat gar nicht wehgetan. Ich habe da tief mit dem Messer reingeschnitten und dann angefangen, Zahnpasta reinzuschmieren.
S.: Das tut sicher weh – und gibt auch Infektionen mit der Zahnpasta, oder?
Herr G.: Ich bin doch immer gleich zum Arztdienst gebracht worden. Das ging gut.
S.: Stammen die Narben alle aus dem Gefängnis?

Herr G.: Ja, das hat alles dort angefangen. Seit ich das erste Mal inhaftiert wurde.

S.: Wissen Sie, weshalb Sie das getan haben?

Herr G.: Ich glaube, das hat geholfen, mit der Angst fertigzuwerden, im Gefängnis zu sein. Außerdem musste sich dann immer jemand um mich kümmern.

S.: Sie haben Aufmerksamkeit gesucht?

Herr G.: Ja, ich glaube schon. Aber es war auch irgendwie eine Mutprobe. Schon als Kind.

S.: Mögen Sie das erzählen?

Herr G.: Ja. Ich habe wenig Schmerzen gespürt. Mir hat das nichts ausgemacht. Da habe ich die anderen Buben herausgefordert, dass sie mich mit dem Ledergurt prügeln. Ich habe aber nichts gemerkt.

S.: Gab das Ärger mit der Schule oder den Eltern? Ich frage, weil ich glaube, dass es für die anderen Kinder auch verstörend gewesen sein könnte.

Herr G.: Das haben sie meinen Eltern gesagt, aber mein Vater war dann sehr zufrieden mit mir. Wie immer, wenn es eine Rauferei gab und ich andere Burschen verhauen habe.

S.: Ihr Vater war also stolz auf Sie, wenn Sie Schmerzen ausgehalten haben?

Herr G.: Ja, aber nur dann. Dabei habe ich auch nichts gespürt, wenn er mich verdroschen hat. *(Es folgen Ausführungen zu seiner Kindheit.)*

S.: Darf ich noch mal auf den Schmerz zurückkommen? Haben Sie denn nie etwas gespürt?

Herr G.: Doch einmal, da spürte ich plötzlich einen extrem furchtbaren Schmerz. Es war das Schlimmste, was mir je passiert ist. Mir macht es enorm Angst, wenn ich mir vorstelle, dass ich noch einmal hinter diese Schmerzgrenze gelange und dann den Schmerz merke. Da lauert ein Monster und lässt mich in völlige Panik verfallen.

S.: Wie ein Monster, das Sie zu verschlingen droht?

Herr G.: Ja, ein gutes Bild! Dieses Monster hat mich gelähmt vor Angst. Ich will das nie mehr erleben. Vielleicht habe ich deshalb auch so früh angefangen zu saufen wie ein Pferd.

S.: Alkohol hat Ihnen geholfen, sich zu betäuben?

Herr G.: Ja, ich habe getrunken, bis ich nichts mehr gespürt habe.

S.: Meinen Sie das körperlich?

Herr G. *(überlegt)*: Nein, wenn ich traurig war. Mit Alkohol habe ich die Emotionen nicht mehr gemerkt. Andererseits weiß ich ohne Schmerz gar nicht, dass es mich gibt.

Selbstreflexion: Gespräche auf Augenhöhe ermöglichen

In der Arbeit mit Herrn G. half es mir, darauf zu achten, was mich innerlich »stolpern« ließ. Dabei war es für mich als Mann, der mit einem Mann sprach, unterstützend, das Vaterthema mit besonderer Aufmerksamkeit und Vorsicht von meiner Seite aus zu beobachten. Übertragung und Gegenübertragung waren genau wahrzunehmen und zu unterscheiden. Ein zweites Moment meiner Achtsamkeit leitete sich aus dem speziellen Ort Gefängnis ab: Ich wollte mit Herrn G. ungeachtet der systemimmanenten Asymmetrie unsere Beziehung vertrauensvoll und so gleichberechtigt wie möglich gestalten. Dabei half, eine leitende Rolle zu vermeiden, das hieß, mich allzu rascher Interpretationen zu enthalten und ihm möglichst viel Raum für eigene Deutungsfreiheiten zu geben. Durch das »Bondingritual« (den spielerischen Austausch und Einstieg ins Gespräch) zu Beginn konnte mich Herr G. auch jeweils in einem Austausch mit anderen Themen als seinen Problemen erleben. Das stärkte unsere Verbindung jenseits der gefängnisimmanenten Angelegenheiten und Hierarchien.

Außerhalb des Freiheitsentzugs können Menschen, die Unterstützung suchen, aus verschiedenen Angeboten auswählen und ausprobieren, wo sie sich am besten aufgehoben und verstanden fühlen. Im Gefängnis gibt es diese Möglichkeiten nicht. Therapie- und Sozialarbeitsberichte entscheiden wesentlich darüber, ob und wann Straftäter*innen aus der Haft entlassen werden. Im Gespräch zwischen Herrn G. und mir wurde zwischenmenschliche Verbindlichkeit wiedergewonnen, die ihm half, vertrauensvollere Beziehungen aufzubauen. Im Justizvollzug müssen Menschen oft ihre Seele bloßlegen, um Vollzugslockerungen zu bekommen. Daher war es für mich sinnvoll, im Seelsorgegespräch etwas aus den unterschiedlichen Lebenswelten zu teilen und hierbei auch (wohlüberlegt) aus dem eigenen Leben zu erzählen. Da es im Justizvollzug keine freie Therapie- oder Therapeut*innenwahl gibt, ist die seelsorgliche Begegnung für manche eines der ganz wenigen Tore zu anderen Lebenswirklichkeiten, weil sie oft genug nach Jahren des Eingesperrtseins einsam sind und kaum mehr Außenkontakte haben. Es ist von daher eine methodische Entscheidung, weshalb ich im Freiheitsentzug im Seelsorgegespräch sehr ausgewählt Begebenheiten aus meiner eigenen Lebensrealität einfließen lasse.

Theologische Reflexion: Gnade vor Reue

Das Bondingritual am Anfang des Gespräches gab Herrn G. die Sicherheit, dass auch kleine Provokationen Teil unseres Austausches sein durften. Herr G. forderte mich heraus, um sich zu vergewissern, dass ich unsere Verbindung weder auflöse noch ihn wegschiebe, wie es seine Mutter in seiner Kindheit getan hatte. Er versicherte sich damit, dass er seine provokanten und zerstörerischen Anteile preisgeben kann, ohne dass ich ihn verlasse. Folglich wurde er freier und öffnete sich im Gespräch. Die seelsorgliche Haltung konnte ihm vermitteln: Wie auch immer du dich gebärdest, Gott lässt nicht von dir ab. Theologisch ist damit für mich die Vorordnung der Gnade vor der Reue erlebbar. Diese Einsicht folgt einer Erkenntnis Karl Barths:

> »Die vergeltende Gerechtigkeit Gottes hat sich ja nach christlicher Erkenntnis schon ausgewirkt, die von ihm geforderte Sühne für alle menschliche Übertretung ist ja schon geleistet; die geforderte Todesstrafe des menschlichen Rechtsbrechers ist ja schon vollzogen. Eben dazu hat ja Gott seinen einzigen Sohn hingegeben. Eben in seinem Tod hat er ja nach seiner wunderbaren Gerechtigkeit Gericht geübt: ein für alle Mal über die Sünde aller Menschen. Bedeutet das Ergebnis dieses gerechten Gerichtes nicht: Barmherzigkeit, Vergebung für sie alle? Für welche dann nicht?« (Barth 1970, S. 506)

Herr G. muss nicht etwas leisten, um Teil der Gotteskindschaft zu sein und zu bleiben. Er kann sich sicher fühlen, dass er aus dieser Gemeinschaft nicht herausfällt. Normalerweise werden in der menschlichen Entwicklung diese verlässliche Art von Zugehörigkeit und Verbindlichkeit in der elterlichen Zuwendung erlebt. Herr G. konnte das nicht. In den seelsorglichen Gesprächen, insbesondere im Bondingteil, konnte diese Erfahrung ein Stück weit nachgeholt werden.

Humanwissenschaftliche Reflexion: Schmerz als Suche nach Anerkennung und Selbstermächtigung

In den Seelsorgegesprächen mit Herrn G. nutzte ich die Methode der Biografiearbeit (vgl. Schirrmacher 2012), da er die Gründe für sein problematisches beziehungsweise deliktisches Verhalten dort verortete. Dazu wurden tiefenpsychologische Überlegungen mit in die Deutung einbezogen. Herr G. hatte einen missbräuchlichen, gewalttätigen Vater. Diesen versuchte Herr G. zu beeindrucken, indem er sich schmerzunempfindlich darstellte. Raufereien des Buben wurden vom Vater wohlwollend kommentiert. Die Mutter musste den Jungen auf Geheiß ihres Ehemanns von sich wegschieben. Körperliche Nähe und Zärtlichkeit wurden unterbunden. Das damit einhergehende emotionale Leid schien für Herrn G. so übermächtig gewesen zu sein, dass er sich bereits mit elf Jahren regelmäßig mit Alkohol ruhigstellte. In unseren Gesprächen wurde Herrn G. klar, dass er durch Selbstverletzungen versuchte, die Anerkennung und Aufmerksamkeit der Autoritäten zu sichern und dass er emotionalen Schmerz mit Alkohol betäubte. Ich vermute, dass er bei den Selbstverletzungen über Dissoziationen eigene Anteile abspaltete, die es ihm ermöglicht hätten, den Schmerz zu spüren. Diese Dissoziationen könnten als Überlebensmöglichkeit interpretiert werden (vgl. Hantke/Görges 2012, S. 74f.). Eine weitere Interpretation bestand darin, dass Herr G. erlebte, der Handelnde zu bleiben, wenn er sich Schmerzen zufügte. Er war so »Herr der Lage«. Damit könnte ein zusätzliches Motiv des Zufügens von Schmerz Selbstermächtigung sein. Die verschiedenen Deutungsmöglichkeiten haben Herrn G. beschäftigt und ergaben in Folge wiederkehrend Anknüpfungspunkte. Der Gedanke, dass der Schmerz eine Möglichkeit war, um nicht vom »Vatermonster« verschlungen zu werden, wurde später von ihm reflektiert.

Begründung der seelsorglichen Position: Seelsorge als Weg der Befreiung

Moderne Gefängnisseelsorge muss ihre Aufgabe in der Begleitung der Gefangenen auf deren Weg zu dem (Wieder-)Erleben von Gemeinschaft und Freiheit sehen (vgl. Stüfen 2020). Das Ziel einer

»heiligungs- und befreiungsorientierten Gefängnisseelsorge […] ist, den Gefangenen als Bruder und Mitmenschen auf dem Weg zu begleiten, der zu mehr Freiheit und zu grösserer Verantwortungsübernahme gegenüber sich selbst, den Mitmenschen und den Opfern führt. Dazu ist es sinnvoll, die Beziehungsfähigkeit zu stärken und das Einfühlungsvermögen so zu fördern, dass es für den Gefangenen nicht lebensbedrohlich erscheint, wenn er Verantwortung für seine Taten übernimmt. Der Fokus liegt darauf, dass es ein dynamischer Prozess ist, ein Weg, auf dem der Gefangene geht und auf dem er eine verlässliche Partnerin in der Seelsorge findet« (Stüfen 2020, S. 370).

Der Weg, auf dem ich als Seelsorger Insass*innen begleite, lässt sich als Pfad zum Erleben der Gemeinschaft der Heiligen beschreiben. Das Gefühl der Zugehörigkeit gibt Kraft. Aus ihm erwächst die Möglichkeit zur Umkehr. Buße und Neubesinnung sind theologisch begründet in Gottes Gnadenzusage und möglich durch die Kraft, die sich aus der erlebten Beziehung ergibt. Die Situation im Freiheitsentzug ist deshalb so besonders, weil sie von starker Hierarchie geprägt ist. Außerhalb der Mauern können heilsame, stärkende Erfahrungen von Gemeinschaft an verschiedenen Orten gesammelt werden: etwa in der Familie oder in einer Kirchgemeinde. Unsere Verbindung ist für Herrn G. eine der wenigen Gelegenheiten, hinter Mauern zu fühlen, dass auch er als Straftäter den Anschluss an die Gemeinschaft der Heiligen nicht verloren hat. Es geht seelsorglich ebenso um das Nachvollziehen und Aussöhnen mit dem eigenen Gewordensein wie um die Überwindung der Angst, sich mit sich selbst und mit anderen zu versöhnen. In der Seelsorgebegegnung wurden die eigenen Prägungen und Überlebensstrategien gewürdigt und wertgeschätzt. So können sich Haltungen beim Gefangenen verändern. Diese Form der Seelsorge möchte biografische Entwicklungen hin zu mehr Erfahrung von verlässlicher Gemeinschaft und Freiheit begleiten. In unseren Begegnungen konnte Herr G. über das sprechen, was er als belastend, beängstigend und beschämend erlebt hatte. Das Aushalten seiner Provokationen und das Thematisieren seiner selbstzerstörerischen Anteile haben ihm geholfen, sich selbst besser anzunehmen, seine eigenen Motive zu reflektieren und folglich neue Möglichkeiten auszuprobieren, wie er mit schwierigen Situationen umgehen kann. Durch diese Arbeit gelang es Herrn G. auch, Versöhnungsprozesse einzuleiten. Er geht deutlich achtsamer mit sich selbst um, spürt seine Grenze zur Überforderung besser und realisiert, dass er in seinem Leben selbst viel Schweres erlitten hat, ohne zu bagatellisieren, dass seine Taten anderen Menschen Leid zugefügt haben.

Gefängnisseelsorge, die sich als heiligungsorientiert versteht, begleitet die Seelsorgesuchenden auf ihrem Weg zu mehr Freiheit. In den seelsorglichen Begegnungen wird für Gefangene etwas von der Gemeinschaft der Heiligen, aus der sich viele aufgrund der Isolation im Freiheitsentzug ausgeschlossen fühlen, wieder erfahrbar. Herr G. meinte zum Abschluss unserer Gespräche für den Bericht an die Justizvollzugsbehörden, dass er nicht kontrollieren könne, was aus den Ergebnissen folgen werde, aber er verstehe jetzt sein eigenes Leben und seine Handlungsweisen besser. Das schien mir sehr versöhnlich, denn Ausgangspunkt unserer weiteren Begegnungen war, dass er sich und seine Entwicklung als nicht beachtet wahrnahm. Nun hatte er sich selbst neu wahrgenommen.

Literatur

Barth, K. (1970): Die Kirchliche Dogmatik, Bd. III/4. Zürich.
Calvin, J. (2012): Unterricht in der christlichen Religion. Institutio Christianae Religionis. Nach der letzten Ausg. von 1559 übers. u. bearb. v. O. Weber (3. Aufl.). Neukirchen-Vluyn.
Hantke, L./Görges, H.-J. (2012): Handbuch Traumakompetenz. Basiswissen für Therapie, Beratung und Pädagogik. Paderborn.
Schirrmacher, F. (2012): Seelsorge als Beziehungsgeschehen. Perspektiven zur Weiterentwicklung der Seelsorgepraxis. Neukirchen-Vluyn.
Stüfen, F. (2020): Freiheit im Vollzug. Heiligungs- und befreiungsorientierte Seelsorge im Gefängnis. Zürich.

Frank Stüfen, Pfarrer Dr. theol., ist Gefängnisseelsorger der Reformierten Kirche des Kantons Zürich und Studienleiter des Studiengangs Seelsorge im Straf- und Massnahmenvollzug (SSMV) der Aus- und Weiterbildung in Seelsorge, Spiritual Care und Pastoralpsychologie Schweiz (AWS) mit Sitz an der Universität Bern.

Isabelle Noth

»Ich bin nicht dabei gewesen!« — Anwaltschaftliche Seelsorge im Spital

Seelsorge beruht auf einer ausgeprägten Empathiefähigkeit,[1] einer kritischen Selbstreflexionskraft und einem tiefen Respektempfinden vor dem Gegenüber. Dabei kann es zu Situationen kommen, in denen sich Seelsorge dadurch als mitfühlend, selbstreflexiv und respektvoll erweist, dass sie nicht lediglich aktiv zuhört, sondern aktiv handelt, und zwar im Sinne eines anwaltschaftlichen Handelns. Das folgende Beispiel mag dies veranschaulichen:

Die Fallsituation

Die 80-jährige Frau A.[2] war in ihrem Haus die Treppe hinuntergestürzt und von ihrer Tochter, Frau D., die gerade zu Besuch war, mit der Sanitätspolizei in die Notaufnahme gebracht worden. Dort wurde sie geröntgt. Der Arzt, der das Röntgen vornahm, teilte ihr die freudige Nachricht mit, es läge keine Fraktur vor. Man würde es sehen, wenn etwas gebrochen wäre. So wollte er Frau A. mit Schmerzmitteln heimschicken und meinte, sie sei da besser aufgehoben als jetzt im Krankenhaus mit Covid-19-Fällen. Ihre Immobilität und immense Schmerzen jedoch zwangen Frau A. zum Bleiben. Sie blieb schließlich eine Nacht im Spital, bis sie sich vom ersten Schock erholt hatte, und wurde dann mit dem Taxi nach Hause gebracht. Ihre Tochter umsorgte sie daheim und redete ihr gut zu, welch Glück im Unglück sie gehabt habe, dass sie sich nichts gebrochen habe. Dennoch litt Frau A. an äußerst starken Schmerzen. Die Gemeindepfarrerin, die

---
1 Siehe dazu den Beitrag von Nikolett Móricz in diesem Band.
2 Name geändert, Situation verfremdet.

sie schon länger kannte, stattete ihr einen Besuch ab. Nach einer Woche, in denen die Schmerzen nicht nachließen, rief die Hausärztin an. Sie habe soeben den Spitalbericht erhalten und sei aus allen Wolken gefallen, als sie darin gelesen habe, dass doch eine Fraktur vorliege. Ein Lendenwirbel sei gebrochen. Sie meinte, sie sei wütend darüber, dass man sie nicht direkt kontaktiert und informiert habe, und habe dies auch dem Spital kommuniziert. Frau A. hätte querschnittgelähmt sein können. Sie habe ja Verständnis dafür, dass der Arzt den Bruch auf dem Röntgenbild wegen der Osteoporose von Frau A. nicht gleich erkannt habe, aber dass man dann, als ein Neurologe den Bruch doch erkannte, erst zugewartet und nicht sofort informiert habe, mache sie wütend. Die Hausärztin organisiert darauf umgehend, dass Frau A. per Krankentransport zurück ins Spital gebracht wird. Die Tochter, Frau D., bittet die Pfarrerin, sie zum Gespräch mit dem Oberarzt der Notfallstation zu begleiten. Sie zittert und meint, sie wäre froh um Unterstützung. So begleitet die Seelsorgerin Frau A. und ihre Tochter auf den Notfall.

Als der Oberarzt kommt, grüßt er leicht gehetzt, aber höflich die drei Anwesenden. Er spricht laut. Frau D. holt aus und beginnt ihm zu erzählen, dass sie schon letzte Woche hier gewesen seien und ein Röntgen gemacht hätten, und dass ihnen mitgeteilt worden sei, es liege keine Fraktur vor. Das hätte jedoch nicht gestimmt – sie erzählt aufgewühlt. Der Oberarzt wendet sich halb ab und schaut auf seine Papiere. Irgendwann unterbricht er sie und sagt:

Oberarzt: Es handelte sich damals um eine ärztliche Meinung. Gerne erkläre ich Ihnen, wie es bei uns abläuft, damit Sie dies verstehen. *(Er beginnt die organisatorischen Abläufe im Spital zu erläutern.)*
Frau D. *(wird ungeduldig und unterbricht):* Es wurde uns vom damaligen Arzt, der das Röntgen gemacht hatte, nicht lediglich als seine Meinung mitgeteilt, sondern als Tatsache. Er sagte noch ausdrücklich, man würde es sehen, wenn etwas gebrochen wäre.
Oberarzt: Ich kann mich dazu nicht äußern. Ich bin nicht dabei gewesen! Ich kann Ihnen einfach erklären, wie es bei uns abläuft.

Die Pfarrerin spürt, wie Frau D. noch aufgebrachter wird, und ergreift hier das Wort:

S.: Ich möchte mich gerne hier kurz einschalten, wenn Sie erlauben. Ich bin Pfarrerin X und begleite die beiden. Es ist ihnen nicht leicht gefallen, nochmals hierher zu kommen, was ja verständlich ist. Im Moment geht es jetzt als allererstes darum, zu schauen, dass Frau A. medizinisch korrekt versorgt wird. Deshalb sind wir bei Ihnen.

Oberarzt: Mir ist halt wichtig, dass man vernünftig und sachlich miteinander sprechen kann.

Frau D. macht eine gereizte Handbewegung, als ob sie etwas entgegnen wolle.

S.: Ja, das verstehe ich, aber finden Sie nicht auch, dass das jetzt etwas viel verlangt ist angesichts dessen, was die beiden erlebt haben? Darum sind wir sehr froh, wenn Sie sich Frau A. anschauen könnten. Sie hatte die ganze Woche riesige Schmerzen, weil sie ja beim Sturz doch einen Wirbel gebrochen hat.

Die Untersuchung nimmt ihren Verlauf. Frau A. wird medizinisch versorgt und schließlich auf eine Abteilung verlegt, damit die notwendige Operation vorbereitet und durchgeführt werden kann.

Quälende Gedanken und kritisches Selbsthinterfragen

Die Seelsorgerin fragt sich nach dieser Begegnung auf der Notfallstation, ob sie wirklich richtig reagiert hat. Es schien ihr offensichtlich, dass der Oberarzt mit seiner Kommunikation sowohl die Patientin wie auch die Angehörige nicht ernst genommen und ihnen nicht aufnehmend zugehört hat. Auch sein Blick wich aus. Es schien ihm mehr um sich und seine Rechtfertigung beziehungsweise den Schutz seiner selbst und der Institution – etwa die Abwendung einer Schadensersatzklage – zu gehen als darum, die Not von Frau D. und Frau A. zu erkennen und zu lindern. Mit keiner einzigen Bemerkung ging er auf die aufgrund der Fehldiagnose sachlich berechtigten Vorwürfe und die dadurch leicht nachvollziehbare Emotionalität von Frau D. ein. Stattdessen wollte er sie – in geradezu genderstereotypischer Manier – mit monologischer Selbstgewissheit belehren. Damit entzog er sich jeglicher Verantwortung und überging die verzweifelten Gefühle seines Gegenübers. Frau D. hingegen interessierte sich nicht für Abläufe, sondern dafür, dass zur Kenntnis genommen wurde, was ihre Mutter und sie aufgrund eines ärztlichen Fehlers auf dem Notfall eine ganze Woche lang durchgemacht hatten. Sie wünschte sich, menschliches Mitgefühl für ihr Anliegen und die erfahrene Ungerechtigkeit zu finden. Doch genau dafür hatte der für den Notfall zuständige Oberarzt kein Sensorium. Sein Verhalten lässt sich als Ausdruck eines psychischen Abwehrmechanismus verstehen (vgl. Freud 1936/1964), als Versuch, nicht in die Geschichte verwickelt zu werden und eine Mitschuld von sich zu weisen. Der Satz »Ich bin nicht dabei gewesen« zählt zu den Standardsätzen, mit denen sich Menschen vor jeglicher Mitverantwortung und Parteinahme zu retten suchen. Mit seiner Aussage stellt der Oberarzt außerdem implizit in Frage, dass die Begebenheit sich wirklich so abgespielt hat, wie es Frau D. erzählt. Dieser Zweifel empört Frau D. noch mehr. Und auch wenn der Oberarzt mit der Aussage, es habe sich »*um eine ärztliche Meinung*« gehandelt, doch implizit zugibt, dass die Meinung offenbar falsch gewesen sei, führt auch das zu einer Relativierung des Urteils seines Mitarbeiters und damit auch dazu, die Folgen, die dieses Urteil mit sich zog, zu verharmlosen.

Fazit war, dass es dem Oberarzt nicht gelang, sich in der betreffenden Situation professionell zu verhalten und die Empfindungen der ihm auf dem Notfall Anvertrauten wahrzunehmen. Er blockte ab. Dieses Abblocken schaukelte sich gleichzeitig mit dem Ärger und Entsetzen von Frau D hoch. Frau A. wiederum, die eigentlich als Patientin im Zentrum stehen sollte, drohte im Konflikt beinahe in Vergessenheit zu geraten. Die Seelsorgerin hatte es als ihre Aufgabe angesehen, in die Auseinandersetzung so weit zu intervenieren, dass das, worum es allen Anwesenden gehen sollte, nämlich das Wohlergehen von Frau A., wieder in den Blick geriet. Zudem sah sie im konkreten Moment nicht den richtigen Zeitpunkt gegeben für eine direkte Konfrontation mit dem Oberarzt, sondern für die Versorgung von Frau A. Das bedeutete jedoch, dass Frau D. bei allem Verständnis für ihre entsetzten, gekränkten und außerdem zurückgewiesenen Gefühle zuwarten musste und die Seelsorgerin den Lead übernahm. Ihr Ziel war es, den Arzt zum Wohle von Frau A. in seiner Funktion als Arzt ernst zu nehmen und den Konflikt in den Hintergrund zu drängen, um dem ärztlichen Handeln die Vorfahrt zu lassen. Solidarisches Dasein hieß für sie in dem Moment derart mitzuwirken, dass Frau A. die nötige Zuwendung erhielt. Hätte sie in der Situation Frau D. in ihrer Emotionalität zur Seite gestanden, wäre der Konflikt eskaliert auf Kosten von Frau A. Und doch, so vernünftig ihr dieses Vorgehen schien, überfiel sie dennoch das Gefühl, Frau D. irgendwie verraten zu haben. Hätte sie sie nicht mehr unterstützen sollen in ihrem Versuch, sich dem Arzt entgegenzustellen und ihn zur Verantwortung zu ziehen? Hatte sie ihr Anliegen nicht abgeklemmt? Ihr schien, dass sie ihre Aufgabe als Seelsorgerin noch nicht erfüllt hatte. Zwar hatte sie für Frau A. gesorgt, doch Frau D. (wie im Grunde auch Frau A., die ja ebenfalls emotional unter dem ärztlichen Fehler gelitten hatte) blieb sie etwas schuldig. Sie entschied sich, möglichst bald Frau D. zu kontaktieren, um ein Nachgespräch zu vereinbaren. Es galt, mit ihr die Begegnung mit dem Oberarzt aufzuarbeiten, ihr klar kundzutun, dass sie ihr Entsetzen und ihren Ärger sehr gut nachvollziehen konnte nach dem, was sie miterlebt hatte, und insbesondere herauszufinden, was Frau D. nun brauchte.

Humanwissenschaftliche Reflexion

Das Erlernen und Üben eines professionellen Gesprächsverhaltens ist Grundlage einer jeden helfenden Tätigkeit. Was nun, wenn ausgerechnet Ärzt*innen in heiklen Situationen diesbezüglich versagen? Zu einer professionellen Gesprächsführung zählt die Fähigkeit, sich auf das Gegenüber einstellen zu können und nach dessen Empfinden zu fragen. »Ziel […] ist die Schaffung einer Atmosphäre, in der sich der andere verstanden fühlt« (Weisbach/Sonne-Neubacher 2015, S. 47). Ein professionelles Verhalten zeichnet sich dadurch aus, dass es gelingt, von sich selber zu abstrahieren. Wer angegriffen wird oder sich angegriffen fühlt, wird zunächst automatisch in eine Abwehrhaltung gehen und das Bedürfnis haben, sich zu schützen oder dem*der anderen die eigene Sicht darzulegen und sich zu rechtfertigen. So war es dem Arzt nicht zuerst einmal wichtig, Frau D. zu verstehen, sondern ihr die eigene Sicht verständlich zu machen. Dies führte dazu, dass Frau D. sich nicht ernst genommen und angemessen behandelt fühlte, so dass es zu einem Hochschaukeln und Eskalieren der Situation kam (vgl. Weisbach/Sonne-Neubacher 2015, S. 48). Menschen kämpfen darum, gehört und verstanden zu werden. Es betrifft ihr Grundbedürfnis nach Selbstwert (vgl. Grawe 2000, S. 411–420) und nach einer wertschätzenden und unterstützenden Umgebung: »People want to feel good about themselves. They want to believe that they are competent, worthy, and loved by others« (Brown 1993, S. 117, zit. nach Grawe 2000, S. 411). Indem der Oberarzt sich seines Verhaltens nicht bewusst schien, wurde er seiner Aufgabe nicht gerecht, zum Wohl der Patientin zu handeln.

Nach reiflicher Überlegung bot die Seelsorgerin im Gespräch mit Frau D. an, sich mit ihr zusammen an die Spitalleitung zu wenden. Sie fragte sie, ob sie zusammen ein Schreiben verfassen möchten, um das Erlebte zu Papier zu bringen. Frau D. wollte es sich zuerst überlegen und willigte am nächsten Tag ein. Schließlich entstanden zwei Schreiben – eines von Frau D. und eines von der Seelsorgerin verfasst –, welche sie mit Kenntnisnahme des Oberarztes gemeinsam in einem Couvert an die Direktion schickten. Hier beschrieben sie das Erlebte aus ihrer Sicht als Angehörige und als Seelsorgerin. Letztere drückte noch ihre Unterstützung für eine fehlerfreundliche Kultur im Gesundheitswesen aus, wies jedoch auch auf die Notwendigkeit einer professionellen Gesprächsführung hin. Sie bat im Sinne der Patient*innen, man solle doch in die Förderung betreffender Weiterbildungen investieren. Erst mit dieser klaren Stellungnahme und der dringend formulierten Bitte schien die Seelsorgerin ihre Aufgabe für sich wahrgenommen zu haben. Sie machte Gebrauch von ihrer Position und Funktion und half Frau D., ihrer Verzweiflung eine Stimme zu geben. Jetzt erst war ihre Seelsorge für sie auch solidarisch und anwaltschaftlich.

Theologische Reflexion und Fehlerfreundlichkeit in der Medizin

Eine der grundlegenden Fragen, die Erfahrungen in der Seelsorge aufwerfen, ist jene nach dem Umgang mit Schuld (vgl. Noth 2017). Es genügt nicht, dogmatisch korrekt an Luthers eingängiger Formel »simul iustus et peccator« festzuhalten. Ihr stimmen nämlich sachlich viele zu, doch steht ihr Wissen in Spannung zu ihrem Verhalten. Aus praktisch-theologischer Sicht ist nach den Dynamiken und Mechanismen zu fragen, die Menschen daran hindern, von ihrem kognitiven Wissen Gebrauch zu machen und danach zu handeln (vgl. Noth 2015). Während die Notwendigkeit eines fehlerfreundlichen Umgangs in der Medizin breit anerkannt ist, scheint dennoch kaum etwas schwieriger einzugestehen zu sein als ein medizinischer Fehler. Das mag mit den zum Teil fatalen Auswirkungen eines solchen Fehlers zu tun haben, aber gewiss nicht nur. Ein Arzt oder eine Ärztin, der*die einen Fehler begeht, verliert Vertrauen. Um das Selbstbild zu schützen, wird er*sie daher versuchen, diesen Fehler zu bestreiten. Ebenso gilt es, für sich selber wie auch für die Institution, der er*sie angehört, die Gefahr abzuwehren, zur Rechenschaft gezogen zu werden. Erst ein System, das mit Fehlern aktiv rechnet, sie konstruktiv miteinbezieht und Verfahren kennt, wie Verantwortliche lernen, sich zu entlasten, indem sie Fehler eingestehen dürfen, ist menschenfreundlich. Dazu bedarf es einer Kultur, in der Menschen Wertschätzung erfahren, wenn sie über Fehler sprechen, ohne dabei in ein schwarzes Loch der (Selbst-)Verdammnis zu fallen. Menschen sollen sich in theologisch-religiöser Perspektive so fest getragen fühlen können, dass ihre Existenz nicht von ihrem eigenen Fehlverhalten bedroht werden kann. Dazu bedarf es der religiösen Einübung und der spirituellen Verankerung.

Begründung der seelsorglichen Position

»Seelsorge ist ein zwischenmenschlich solidarisches Handeln, durch das sich SeelsorgerInnen Menschen in Not zu Nächsten machen. Sie stellen sich parteiisch und leidenschaftlich auf Seiten notleidender Menschen und packen vor Ort mit an, um deren Not zu lindern« (Nauer 2014, S. 211). Wenn auch Seelsorgende keinesfalls übergriffig handeln und diejenigen, die bei ihnen Hilfe suchen, paternalisieren sollen, so gibt es doch Situationen, in denen Menschen auf ihre Hilfe angewiesen sind und es notwendig ist, an ihrer Stelle aktiv zu werden. »Können Menschen nicht mehr für sich selbst und ihre Rechte eintreten, dann nimmt Seelsorge einen für-sorglichen Charakter an, auch wenn damit die Gefahr einhergeht, Menschen aus der Defizitperspektive heraus zu begegnen. Fakt ist, dass alle Menschen in enorm defizitäre Situationen geraten können und es ihnen nicht hilft, wenn dies nicht in aller Härte wahrgenommen wird« (Nauer 2014, S. 212). Eine Seelsorge, die auf der seinsmäßigen Verfasstheit des Menschen als zugleich gerecht wie auch sündig beruht, hat die Möglichkeit, das jeweils Erforderliche und Notwendige in der jeweils spezifischen Situation zu erkennen. Im Sinne eines Empowerments motiviert die Seelsorgerin Frau D. zum Verfassen des Schreibens. In Anerkennung der konkreten Situation und der persönlichen Erschöpfung von Frau D. unterstützt die Seelsorgerin sie bei dieser Aufgabe und tritt anwaltschaftlich für Frau D. ein – behält jedoch zugleich die Interessen aller Beteiligter vor Augen. So achtet sie sorgfältig auf die Einhaltung der korrekten Form und schickt das Schreiben zur Kenntnisnahme selbstverständlich auch an den Oberarzt. Damit ist eine transparente und faire Vorgehensweise gewahrt, die eine Voraussetzung für mögliche persönliche, professionelle und institutionelle Veränderungen ist.

Literatur

Brown, J. D. (1993): Motivational Conflict and the Self: The Double-Bind of Low Self-Esteem. In: R. F. Baumeister (Hg.). Self-Esteem: The Puzzle of Low Self-Regard (S. 117–130). New York.
Freud, A. (1936/1964): Das Ich und seine Abwehrmechanismen. München.
Grawe, K. (2000): Psychologische Therapie (2. Aufl.). Göttingen u. a.
Nauer, D. (2014): Seelsorge. Sorge um die Seele (3. Aufl.). Stuttgart.
Noth, I. (2015): Mythen des seelsorglichen Selbstverständnisses. In: I. Noth/ U. Affolter (Hg.). Schaut hin! Missbrauchsprävention in Seelsorge, Beratung und Kirchen (S. 89–93). Zürich.
Noth, I. (2017): Die Fehler der anderen und die eigene Schuld. Perspektiven aus Spiritual Care und Praktischer Theologie. In: F. Mathwig/T. Meireis/R. Porz (Hg.). Fehlbarkeit und Nichtschadensprinzip. Ein Dilemma im Gesundheitswesen (S. 125–130). Zürich.
Weisbach, C.-R./Sonne-Neubacher, P. (2015): Professionelle Gesprächsführung. Ein praxisnahes Lese- und Übungsbuch (9. Aufl.). München.

Isabelle Noth, Dr. theol. habil., BSc. Psychology, MAS PCPP Unibe, MAS ZFH in Systemischer Beratung, ist Professorin für Seelsorge, Religionspsychologie und Religionspädagogik an der Theologischen Fakultät Bern und Präsidentin der Aus- und Weiterbildung in Seelsorge, Spiritual Care und Pastoralpsychologie Schweiz (AWS).

Christina Kayales
»Über den Selbstmordversuch haben wir nicht geredet.« — Chancen kultursensibler Seelsorge

Das folgende Fallbeispiel, in dem eine zertifizierte christliche Supervisorin einen muslimischen Seelsorger supervidiert, erinnert daran, dass auch die Supervision seelsorgliche Anteile haben kann. Supervision ermöglicht Seelsorger*innen, eigene Wahrnehmungen und deren gefühlsmäßige Verarbeitung zu reflektieren.

Wahrnehmung der Situation

In einer interreligiösen Einzelsupervisionssitzung wird von dem muslimischen, türkischstämmigen Supervisanden Herrn B.[1], der als Gefängnisseelsorger tätig ist, ein Gespräch mit einem muslimischen, ebenfalls türkischstämmigen Gefangenen in der Justizvollzugsanstalt (JVA) vorgestellt. Das von dem Supervisanden eingebrachte Thema lautet: Wie sehr darf ich mich freundschaftlich mit meinem Gegenüber erleben? Wie sehr behindert das meine Rolle als Seelsorger? Ausgeführt wird daraufhin, dass sich im Gespräch mit dem Gefangenen Parallelen zur eigenen Vita zeigten, die der Supervisand so beschrieb, dass die beiden eher wie Freunde miteinander redeten, lachten und sich austauschten. Hierzu wird einiges ausgeführt. Eher beiläufig wird der Grund für den Besuch bei diesem Mann erwähnt: Ein Mitarbeiter der JVA hatte den Seelsorger gebeten, den Gefangenen wegen eines Suizidversuchs[2] aufzusuchen. Nach einer ersten

---
1 Name geändert, Situation verfremdet.
2 Herr B. benutzte das Wort »Selbstmord«. Diese Bezeichnung wird in der wissenschaftlichen Literatur vermieden, weil das Wort »Mord« juristisch mit Heimtücke und Vorteilsnahme verknüpft ist und so im Ausdruck eine Ne-

Gesprächssequenz mit einer Beschreibung des Gesprächs mit dem Gefangenen entsteht eine kleine Pause.

S.: Sie beschreiben sehr anschaulich, dass Sie sich angeregt mit dem jungen Mann unterhalten haben. Haben Sie mit dem Mann das Thema um seinen »Selbstmordversuch« angesprochen?

Herr B.: Nein, über den Selbstmordversuch haben wir nicht geredet.

S.: Was hat Sie dazu bewegt, dies Thema nicht anzusprechen?

(Schweigen)

Herr B.: Er sprach nicht darüber, und so sprach ich auch nicht darüber.

S.: Sie haben respektiert, dass der Mann das Thema nicht von sich aus angesprochen hat. Gibt es vielleicht noch einen anderen Grund, warum Sie den »Selbstmordversuch« nicht angesprochen haben?

(Schweigen)

Herr B.: Jetzt, wo Sie es so direkt ansprechen, merke ich: Weil wir in meiner Familie über den Selbstmord meines eigenen Bruders nie sprechen und ich deshalb dieses Thema auch vor anderen nicht ansprechen kann.

(Es folgen Ausführungen zum Suizid des eigenen Bruders und wie sehr die Familie, seit es vor Jahren passiert ist, dazu schweigt und keine Beschäftigung damit erfolgt.)

S.: In welcher Weise verstehen Sie jetzt Ihre Reaktionen bei diesem Gespräch?

Herr B.: Jetzt, wo wir darüber gesprochen haben, merke ich, dass mich dieser Mann an meinen Bruder erinnert hat und ich gern mit ihm erzählte und lachte, weil ich mich freute, dass sein Selbstmordversuch nicht geklappt hatte und er eben noch da war.

S.: Was ist mit Ihrer Anfangsfrage nach Ihrer Rolle als Seelsorger?

---

gativbewertung zu finden ist. Stattdessen wird von Suizid oder Selbsttötung gesprochen. In der Supervision wurde von der Supervisorin die Begrifflichkeit weder korrigiert noch infrage gestellt, um das Thema selbst zu bearbeiten und nicht über den Wechsel auf eine Metaebene zum Sprachgebrauch eine Vertiefung des Themas zu erschweren oder zu unterdrücken.

Herr B.: Die habe ich verlassen, denn ich war ja ganz in meiner Rolle als Bruder und wollte dem Mann nah sein, wie ich meinem Bruder nah war. Ich war gar nicht sein Seelsorger, sonst hätte ich ihn gefragt, warum er diesen Selbstmordversuch unternommen hatte.

Im weiteren Verlauf werden gemeinsam mögliche Verhaltensalternativen zu einer freundschaftlich auftretenden Rolle als Seelsorger besprochen.

Systemische kultursensible Reflexion zur Rolle als Seelsorger*in

Die nachfolgende Reflexion wird als kultursensibel bezeichnet, da die Supervisorin und der Supervisand verschiedene religiöse und kulturelle Prägungen vorweisen und die gemeinsame Reflexion dies methodisch einbezieht.

Muslimische Seelsorgende sind in Deutschland derzeit noch die Ausnahme. Entsprechend sind die gegenseitigen Rollenerwartungen vielfach ungeklärt. Ein oft anzutreffendes Verhalten ist eine Annäherung über ein freundliches Gespräch, bei dem an Umgangsformen aus dem Familien- und Freundeskreis angeknüpft wird. Die Rolle als Freund*in ermöglicht einen Vertrauensaufbau, kann aber auch zu Erwartungen führen, die man an Freund*innen hat. Indem sich der Seelsorger innerhalb dieser Rollenzuweisung bewegt, kann er erstes Vertrauen aufbauen und an bekannte Umgangsformen anknüpfen. Gleichwohl erlebt er, dass heikle, schambesetzte Themen oft ausgespart werden (vgl. Kayales 2015, S. 600).

In der deutschen Mehrheitskultur ist das Thema Suizid in der Öffentlichkeit aber auch in der Theologie deutlich weniger tabuisiert als zum Beispiel noch in den 1950er- und 1960er-Jahren. Suizid ist in vielen Kulturen, auch bei vielen muslimischen, türkischstämmigen Migrationsfamilien, stark stigmatisiert: »Es fehlen die Worte« (Schouler-Ocak 2020, S. 204). Während sich der Mitarbeiter der JVA mit seiner Bitte, den Gefangenen auf seinen Suizidversuch anzusprechen, nach den sich veränderten Maßstäben der Mehrheitsgesellschaft verhalten hatte, reagiert der muslimische Seelsorger innerhalb des Wertesystems der Kultur des Gefangenen und seiner eigenen

Prägung: Er schweigt dazu. Die eingenommene Haltung bei diesem Besuch erschwert für beide Seiten das Ansprechen. Denn das Zugeben eines in der eigenen Kultur geächteten Verhaltens könnte riskieren, aus der Gemeinschaft ausgeschlossen zu werden, was ein hohes Risiko darstellt. Schon der Ethnopsychoanalytiker Paul Parin (vgl. 1972, S. 185) beschrieb, dass bei kollektiv geprägten Gesellschaften das Übertreten von Normen nicht primär ein schlechtes Gewissen oder Schuldgefühle auslöse, sondern Angst, die Zuwendung der Gruppe zu verlieren. Da das Gespräch freundlich und ohne Störung verlaufen war, hatte es keinen offensichtlichen Grund gegeben, diese Begegnung in der Supervision anzusprechen. Der muslimische Seelsorger musste aber gespürt haben, dass hier etwas nicht ganz stimmig gewesen war. Er machte es fest an der Frage, ob er sich in seiner Rolle als Seelsorger angemessen verhalten hatte. Die systemisch orientierten zirkulären Fragen (vgl. Morgenthaler 2013, S. 155) der Supervisorin bestärken Herrn B. in seiner Rolle als Seelsorger. Ohne diesen »oberlehrerhaft« vorzuführen, wird von der Supervisorin in dem interreligiösen Setting nach »weiteren Gründen« für sein Schweigen zu dieser Thematik gefragt. Dieser Umgang schafft ein respektvolles Vertrauensverhältnis, in dem Herr B. zulassen kann, sich auch anderer Gründe, die mit der eigenen Tradition, der Familiensituation und mit den sehr persönlichen, schambesetzten Themen zusammenhängen, bewusst zu werden und diese in die Reflexion einzubeziehen. Erst mithilfe dieser Ausweitung des Blickhorizonts, wie sehr auch sein persönliches Familiensystem und das dort Erlebte seinen Habitus bei der Begegnung mit dem Gefangenen mitbestimmt hat, wird sich der Seelsorger bewusst, dass er bei dem Gefangenen in einer Übertragung in der Rolle als Bruder reagiert hat

Die entlang systemischer Rollenklärung begleitete Supervision ermöglichte dem Seelsorger, Verschiedenes wahrzunehmen:

- Er wurde darin bestärkt, seinem Gespür zu vertrauen, auch dann etwas anzusprechen und zu analysieren, wenn es auf den ersten Blick wie ein gelungenes Seelsorgegespräch erschien. Diese Ermutigung stärkt ihn in seiner Achtsamkeit, auch einer vagen Einschätzung nachzugehen, statt diese schamhaft auszublenden nach dem Motto: »Wird schon alles gut gewesen sein«.
- Er bemerkte, dass er sich unbewusst neben der offiziellen Rolle in der JVA als muslimischer Seelsorger auch in einer anderen

Rolle verhalten hatte und hat die Auswirkungen dessen wahrgenommen. Damit öffnete er sich für das Wahrnehmen weiterer Rollen und Rollenzuschreibungen in Seelsorgebegegnungen, im besten Fall bei sich und seinem Gegenüber.
- Er erlebte, dass das Nachspüren der eigenen Reaktionen ihm ermöglichte, eigene blinde Flecken und damit auch eigene tabuisierte Bereiche wahrzunehmen. Diese konnten daraufhin einbezogen werden.
- Er lernte, dass das Ansprechen von bestimmten Themen, hier der Suizid, durch kulturelle Unterschiede geprägt ist und kulturell bedingt unterschiedlich zur Sprache gebracht werden darf. So konnte er eine eigene (neue) Haltung dazu entwickeln.

**Theologische Reflexion I:
Islamtheologische Positionen zum Suizid**[3]

Im Islam ist die Selbsttötung verboten. In Sure 4 des Korans heißt es: »Und tötet euch nicht selbst. […] Doch wer das tut, aus Feindseligkeit und Frevel, den werden wir im Höllenfeuer brennen lassen« (Sure 4, 29 f.). Auch in den Hadithen, den Überlieferungen zu den Taten, Bräuchen und Aussagen des Propheten Mohammed, wird der Suizid verurteilt (vgl. Al-Bukhari 1997, S. 370). Gott hat laut islamischer Theologie das Leben geschenkt, deshalb darf es der Mensch nicht selbst beenden. Suizid gilt daher als eigenmächtige Entscheidung, die dem Menschen als Geschöpf nicht zusteht. »Da er sich ja nicht selbst geschaffen hat, nicht einmal eine einzige Zelle seines Körpers, gehört das Leben des Menschen nicht ihm« (Al-Qaradawi 1989, S. 277). Suizid wird von islamischen Theologen als Zweifel an der Fürsorge Gottes interpretiert. Er zeige das Vermeiden der Prüfungen, die Gott dem Menschen zugedacht habe. Der Mensch entziehe sich damit der ihm im Diesseits zugedachten Bewährungsprobe seiner Geduld und seines Ausharrens (Günes 2020, S. 229). Eine Moscheegemeinde oder ein Imam können bei einem Suizid eine islamische Beerdigung ablehnen, und das Grab kann isoliert werden. Die Tradition, auch der

---

3 Der folgende Abschnitt wurde dankenswerterweise von Dr. Mojtaba Beidaghy, Studienleiter der Islamischen Akademie Hamburg, gegengelesen.

Beerdigung fernbleiben zu müssen oder die Schwester eines Menschen, der Suizid begangen hat, nicht zu heiraten, lässt die soziale Stigmatisierung erahnen. Suizide und Suizidversuche werden deshalb vielfach verschwiegen.[4]

Theologische Reflexion II:
Pastoralpsychologische Selbstreflexion

Die Sprachlosigkeit angesichts eines Suizids erinnert mich an frühere Begegnungen mit Muslim*innen, in der sich vergleichbare Reaktionen auf das Thema gezeigt hatten. Diese früheren Gespräche waren es auch, warum ich hellhörig wurde und nachfasste (*»Gibt es vielleicht noch einen anderen Grund, warum Sie den Selbstmordversuch nicht angesprochen haben?«*). Mir fällt der Mut des muslimischen Seelsorgers auf, ein kulturell aber auch familiär tabuisiertes Thema anzusprechen. Ich freue mich, dass unser Arbeitsbündnis eine vertrauensvolle Ebene erreicht hat, die das Besprechen dieses Themas für ihn möglich macht. Ich vermute, dass zu diesem stabilen Arbeitsbündnis gehört, dass Herr B. nicht befürchten musste, dass seine religiösen und kulturellen Bewertungen und Umgangsformen respektlos abgewertet werden und er dadurch in eine defensive Rolle gedrängt wird. Ich frage mich, ob ein Faktor in diesem gelungenen Arbeitsbündnis unser interreligiöses Setting ist, da Herr B. a) das Thema mit einer Person ansprechen kann, die nicht zur eigenen muslimischen Gemeinschaft gehört, das heißt ein Ausschluss aus der Gemeinschaft nicht riskiert wird, und b) er davon ausgehen kann, dass der Grad der Tabuisierung bei der Supervisorin geringer ist als in seinem vertrauten Umfeld. Ich unterlasse es, Herrn B. darauf anzusprechen, weil ich mein Eigeninteresse an der Analyse des interkulturellen Austauschs

---

4   Dieser Umgang sei, so Imam Doukali, islamtheologisch nicht notwendig, auch wenn er in Gemeinden vielfach zu erleben ist. Der Koran und die Sunna verweisen darauf, dass Allah dem Menschen seine Sünden ausnahmslos verzeihen könne. »Verliert nicht die Hoffnung auf Allahs Barmherzigkeit! Gewiss! Allah vergibt die Sünden alle. Er ist ja der Allvergebende, der Gnädige« (Sure 39,53). In: Mounib Doukali, Tod und Sterben im Islam, unveröffentlichter Vortrag im Rahmen der Seelsorgeausbildung für muslimische Ehrenamtliche, Hamburg.

nicht mit seiner Supervision vermischen und das dichte Gespräch nicht durch eine Reflexion auf der Metaebene verändern möchte. Ich notiere es mir aber für eine mögliche Frage bei einer späteren Begegnung. Ich verspüre pädagogische Impulse, Hinweise zum Thema Suizid im psychosozialen Bereich zu geben. Diese könnten Herrn B. anregen, die Thematik zu vertiefen. Ich unterdrücke diesen Impuls, um meine Rolle als Supervisorin einzuhalten.

Zur Bedeutung von kultursensibler Seelsorge

Kultursensible seelsorgliche Gespräche sind keine Notlösungen, wenn niemand aus der »eigenen« Gruppe zur Verfügung steht. Sie sind methodisch hilfreiche Konstellationen. Die religiöse beziehungsweise kulturelle Differenzerfahrung zwischen den Beteiligten verändert vertraute Zuschreibungen. Eigene kulturelle, religiöse wie individuelle blinde Flecken, tabuisierte oder schambesetzte Themen können mit jemandem »von außen« anders angesprochen werden. Hierbei wird methodisch die Rolle eines*einer Fremden beziehungsweise Außenstehenden genutzt und einbezogen (vgl. Kayales 1998/2004). Außenstehenden gegenüber fällt es zuweilen leichter, die eigene Not offenzulegen, da das eigene Verhalten »vor dem*der Fremden« nicht anhand der eigenen Normen bewertet und keine gesellschaftliche Isolierung befürchtet werden muss.

Die interkulturelle beziehungsweise interreligiöse Differenz kann in der Seelsorge als entlastend erlebt werden. Menschen aus individualistisch geprägten Kulturen unterschätzen nicht selten, wie groß die Angst sein kann, aus der Gemeinschaft ausgeschlossen zu werden, wenn die Person ein eher kollektivistisch geprägtes Wertesystem gewohnt ist. Menschen aus kollektivistisch geprägten Kulturen unterschätzen dagegen zuweilen die Dynamik von Schuldgefühlen. Daher erweist sich interkulturelle Seelsorge als Chance, leichter eigene und fremde Zuschreibungen wahrnehmen und reflektieren zu können. Damit dies in einem gelingenden vertrauensvollen Arbeitsbündnis zur Wirkung kommen kann, benötigt es ein kultursensibles und religionssensibles Vorgehen (vgl. Kayales 2019). Hierbei werden die kulturellen und religiösen Differenzen beachtet und eigene wie fremde Zuschreibungen nicht vorschnell auf andere übertragen. Diese kultursensible Haltung fördert das gegenseitige Verständnis, unabhängig davon, ob jemand geprägt ist durch eine individualistisch oder kollektivistisch orientierte gesellschaftliche beziehungsweise kulturelle Gruppe. Diese kultursensible Haltung ermöglicht zudem, im respektvollen interreligiösen und interkulturellen Miteinander eine diversitysensible Seelsorge aufzubauen, die offenlegt, in welcher Form eigene Prägungen, Vorerfahrungen und Vorverurteilungen im Reflexionsprozess einbezogen werden.

Literatur

Al-Bukhari, M. (1997): The Translation of the Meaning of Sahih al-Bukhari. Arabic-English. übers. von M. M. Khan, Bd. 7. Riyad.
Al-Qaradawi, J. (1989): Erlaubtes und Verbotenes im Islam. München.
Günes, M. (2020): Rechtleitung und Irregehen – Lebensführung zwischen Fatalismus und eigener Verantwortung. In: T. Badawia/G. Erdem/M. Abdallah (Hg.). Grundlagen muslimischer Seelsorge. Die muslimische Seele begreifen und versorgen (S. 226–240). Wiesbaden.
Kayales, C. (1998): Gottesbilder auf den Philippinen. Die Bedeutung der Subjektivität für eine Interkulturelle Hermeneutik. Münster.
Kayales, C. (2004): Do you hear me? Das Ernstnehmen eines neuen Verständnisses von Mission und seine Auswirkung auf interkulturelle Seelsorge. In: L. Lybaek/K. Raiser/S. Schardien (Hg.). Gemeinschaft der Kirchen und gesellschaftliche Verantwortung (S. 428–434). Münster.
Kayales, C. (2015): Kultursensible Seelsorge und Fortbildungen in Seelsorge für Muslime. Neue Entwicklungen im Bereich interkulturelle Öffnung im Krankenhaus. In: WzM, 67 (6), 593–604.
Kayales, C. (2019): Kultursensibilität in Seelsorge und Beratung. In: Deutsches Pfarrerblatt, 119 (3), 124–127.
Morgenthaler, C. (2013): Systemische Seelsorge. Impulse der Familien- und Systemtherapie für die kirchliche Praxis (5. Aufl.). Stuttgart.
Parin, P. (1972): Der Ausgang des ödipalen Konflikts in drei verschiedenen Kulturen. Eine Anwendung der Psychoanalyse als Sozialwissenschaft. In: H. M. Enzensberger/K. M. Michel (Hg.). Das Elend mit der Psyche. II. Psychoanalyse (S. 179–201). Berlin.
Schouler-Ocak, M. (2020): Suizid, Migration und Islam. In: N. Mönter/A. Heinz/M. Utsch (Hg.). Religionssensible Psychotherapie und Psychiatrie. Basiswissen und Praxis-Erfahrungen (S. 203–208). Stuttgart.

Christina Kayales, Pastorin Dr. theol., leitet das Institut Ponte – Institut für Kultursensibilität in Seelsorge & Beratung in Hamburg. info@kultursensibel.de; www.kultursensibel.de

Helga Kohler-Spiegel

»Wenn der Boden dünn ist ...« — Traumatischer Stress in Psychotherapie und Seelsorge

Fallbeispiel

Herr W.[1] hatte seine Schul- und Studienzeit erfolgreich durchlaufen, ein gehobener akademischer Studienabschluss erlaubte ihm selbstbestimmte und interessante berufliche Möglichkeiten, vieles ging ihm leicht von der Hand, er hatte sich familiär und wirtschaftlich ein stabiles Leben aufgebaut. Und dann – im Rückblick mit Warnsignalen, im Erleben ohne jede Ankündigung: ein Einbruch, eine schwere Erschöpfungserkrankung mit starken somatischen und psychischen Symptomen. Die Behandlung war stationär angesagt, medikamentös und engmaschig psychotherapeutisch sowie mit begleitenden Kreativtherapien. Dieser Vorschlag für das Vorgehen löste bei Herrn W. starke Ängste aus, mit aller ihm zur Verfügung stehenden Kraft lehnte er den längerdauernden Klinikaufenthalt ab. Dahinter zeigte sich massiver Stress: Bereits der akute gesundheitliche Einbruch selbst führte zu einem starken Autonomieverlust bei Herrn W. Dies verschränkte sich mit dem Therapievorschlag, sich in ein stationäres Setting zu begeben, in dem seine Autonomie im Sinne der Selbstständigkeit und Selbstbestimmung erneut deutlich beschnitten würde. Darüber hinaus erfasste ihn zeitweise die Angst, seine Eigenständigkeit nie mehr uneingeschränkt zurück zu erlangen.

Die Gefahr einer Retraumatisierung wurde fachlich deutlich. Der Verlust von Autonomie und das Empfinden, den Entscheidungen und Handlungen anderer ausgeliefert zu sein, erhöhte den traumatischen Stress bei Herrn W. immens. Besprechungen mit der behandelnden

---

1   Name geändert, Situation verfremdet.

Fachärztin, Abmachungen bezüglich der psychotherapeutischen Arbeit, seine Ressourcen als Person und ein stabiles privates Umfeld machten es möglich, die Behandlung ambulant durchzuführen. Behandlung und Begleitung waren anspruchsvoll, vor allem für Herrn W., die Erschöpfungserkrankung machte Erschütterungen von frühester Kindheit an bewusst. In Wellen kamen Szenen, Bilder und Körpererinnerungen ins Bewusstsein, frühe Vernachlässigung und emotionale Missachtung verbunden mit einer Dynamik von Schuld und Bestrafung, immer wieder wurde die verinnerlichte Selbstabwertung sichtbar. Diese traumatisierenden Erfahrungen waren im Vordergrund der psychotherapeutischen Begleitung. In zeitlich größeren Abständen war auch seelsorgliche Begleitung hilfreich, um religiöse Fragen zu besprechen und um die Verstrickung von Schuld und Bestrafung mit dem Gottesbild zu thematisieren. Die Erkenntnisse aus den seelsorglichen Gesprächen kamen teilweise in den psychotherapeutischen Sitzungen zur Sprache und umgekehrt. Psychotherapie und Seelsorge waren für Herrn W. sowie für die begleitenden Fachpersonen klar unterschieden und zugleich ergänzend. Beides war für Herrn W. hilfreich, sowohl für die Be- und Verarbeitung von Erlebtem als auch für die Stärkung von psychischer und spiritueller Kraft. Herr W. verstand seine Schritte hin zur Stabilisierung und zur Weiterentwicklung bisheriger Be- und Verarbeitungsmuster als Schritte körperlicher, psychischer, gedanklicher und spiritueller Arbeit. Aufmerksamkeit und Achtsamkeit waren für ihn wichtige Leitworte.

Humanwissenschaftliche Reflexion I: Traumatisierung

Trauma heißt im Altgriechischen »Wunde«. Medizinisch meint der Begriff »Trauma« eine Schädigung, Verletzung oder Verwundung lebenden Gewebes, die durch Gewalteinwirkung von außen entsteht, wie zum Beispiel eine Verletzung durch einen starken Schlag oder Stoß gegen ein Körperteil. Im übertragenen Sinne werden in Medizin und Psychologie auch schwere seelische Verletzungen als Traumata bezeichnet. Unter einem Psychotrauma versteht man also ein (kurzes oder länger andauerndes) unerwartetes dramatisches Ereignis von außen, das beim betroffenen Menschen eine massive, leidvolle seelische Erschütterung nach sich zieht, weil sein psychisches System überflutet und seine Verarbeitungsmöglichkeiten ausgeschaltet sind (vgl. Friedmann/Hofmann/Lueger-Schuster/Steinbauer/Vyssoki 2004, S. 11f.). Von Menschen verursachte Traumen (»man-made-disaster«) sind deutlich schwerer zu verarbeiten als »nature-made-disaster«.

Und bei Kindern ...

Herr W. war bereits als Kind von solchen »Schlägen von außen« betroffen beziehungsweise diesen ausgeliefert.

»Eine traumatische Situation bedeutet für ein Kind eine extreme, existentielle Bedrohung. Dabei kann das Kind entweder sich selbst sowie seine körperliche und seelische Einheit oder andere Menschen als bedroht erleben. Entscheidend ist, dass das Kind das Gefühl hat, ohnmächtig zu sein und nichts tun zu können, um sich oder den anderen aus der extremen Not herauszuhelfen. Dies ist die eigentliche ›Traumafalle‹: Es gibt bei aller Bedrohung keinen Ausweg. Daraus entsteht ein Gefühl extremer bedrohlicher Hilflosigkeit. Das sich gerade erst entwickelnde Selbstbewusstsein bzw. Selbstvertrauen und das Vertrauen in die Welt (Urvertrauen) werden durch eine derartige Erfahrung nachhaltig erschüttert oder gehen verloren« (Krüger 2015, S. 19).

Angst ohne Verbindung zu einem sichernden Menschen, keine Hilfe von außen und selbst keine Möglichkeit, die Situation zu verändern – das meint Bedrohung ohne Chance auf die beiden sonst möglichen Notfallreaktionen, nämlich Kampf oder Flucht. Wenn beide nicht zur Verfügung stehen, müssen Körper und Seele auf das dritte Programm umschalten: Erstarrung (vgl. Weinberg 2015, S. 50).

Über Wochen hinweg wurde Herr W. vom Ausmaß der erinnerten Missachtung und der damaligen Übergriffe in Bann gezogen – Phasen von Erstarrung und Phasen von heftigen emotionalen Erschütterungen wechselten sich ab. Das Erlebte als Handlungen von ihm so nahestehenden Menschen zu identifizieren, war immer wieder massiv schmerzhaft. Der damit verbundene Verarbeitungs- und Trauerprozess erforderte viel Kraft. Hinzu kam: Die Erfahrung, ganz allein und auf sich selbst gestellt zu sein, das Erleben, dass niemand für ihn da war, wich schrittweise der Erkenntnis, dass die nahen Bezugspersonen, die die Erziehungsverantwortung hatten, sehr wohl da waren, dass aber genau diese Täter*innen waren oder ihn nicht schützten. Dies verstärkte die Trauer, gepaart mit Wut und Schmerz, aber auch mit Scham- und Schuldgefühlen und der damit verbundenen inneren Verunsicherung, ob es nicht doch an Herrn W. selbst gelegen haben könnte, dass ihm das widerfahren ist.

Humanwissenschaftliche Reflexion II: Trauerprozesse bei Veränderungen

In Anlehnung an die Traueraufgaben nach William Worden (2011) ist auch bei so massiven Veränderungsprozessen häufig die erste Aufgabe zu realisieren, dass es so ist, wie es ist. Dieses Realisieren ist ein schmerzhafter Schritt, der (meistens) viel Zeit braucht. Denn es bedeutet, nicht mehr gegen den Schmerz und all die anderen Gefühle zu kämpfen, sondern die zweite Traueraufgabe zu erfüllen, die mit der ersten direkt verbunden ist: nämlich heftige Gefühle zu erleben, zornig, wütend, verzweifelt, verletzt und verletzlich, verunsichert, ohnmächtig, ausgeliefert, schuldig und manchmal auch resignativ ... Das macht oft müde, manchmal leer, manchmal hässig ... Die dritte Aufgabe nach William Worden übersetze ich mit »Weitergehen, Schritt für Schritt«. So starke Erschütterungen führen häufig auch zu Veränderungen im privaten, familiären und beruflichen Umfeld. Diese erschüttern erneut: Als wäre es nicht schwer genug, die Veränderungen zu realisieren und sie als Realität annehmen zu müssen. Als wäre es nicht mühsam genug, mit so heftigen und erschütternden Gefühlen konfrontiert zu sein und diese durchleben zu müssen ... Und nun kommt häufig noch hinzu, dass sich auch das Umfeld verändert, dass sich zum Beispiel Beziehungen verändern, dass sich manche Kolleg*innen oder Freund*innen zurückziehen und vieles mehr. Dann ist gut, Schritt für Schritt weiterzugehen, die vierte Aufgabe macht wieder zuversichtlich: Das Leben ordnet sich neu und wird wieder stabiler, das innere Erleben wird wieder vielfältiger und bunter, die Veränderung ist vollzogen, die betroffene Person ist »im Neuen« und das Leben ist wieder im Alltag angekommen (vgl. Worden 2011).

Bei Herrn W. machten körperliche Symptome deutlich, wie lange die Psyche bereits im Schockzustand erstarrt war. Ein Blick, ein Wort, eine Erinnerung im Bruchteil einer Sekunde, nicht wirklich bewusst, reichten aus, um die Erstarrung von damals gegenwärtig zu setzen und über die Erstarrung hinweg ein »Reaktionsmuster« auszulösen, damit sie nicht sichtbar wurde. Anpassung nach außen, ein frohes Gesicht, ein leistungsfähiger Ich-Anteil, der zeigt, dass »alles gut« ist. Dieses »Programm« kann für eine gewisse Zeit nach außen stabilisierend wirken, braucht aber ungemein viel Kraft von der betroffenen Person, diese ständig gleichzeitigen inneren Realitäten, die teilweise in massivem Konflikt miteinander stehen, aufrecht zu erhalten. Es macht (meist) unendlich müde, führt zu Unsicherheiten, zum Gefühl, »falsch« zu sein, nicht wirklich »bei mir selbst zu sein«, so auch bei Herrn W. Herr W. hatte früh gelernt, nicht bei sich selbst zu sein, denn das Kleinkind, das bei sich selbst war, war der Vernachlässigung und Verachtung ausgesetzt.

**Humanwissenschaftliche Reflexion III:
Wenn die Psyche im Schockzustand bleibt**

Manche Traumatisierungen finden nicht zur Beruhigung. Auch wenn eventuelle körperliche Wunden verheilt sind, auch wenn der Entwicklungs- und Bildungsweg nach außen gut voranschreitet, kann im Innern eines betroffenen Kindes – manchmal über Jahrzehnte – eine Unruhe, eine Anspannung abgelagert und momenthaft spürbar bleiben. Wenn ein Kind (dauerhaft) nicht beantwortet wird, wenn ihm niemand in seinem Entsetzen aus der Erstarrung hilft, wenn niemand Sicherheit gibt, dann bleibt seine Psyche im Notprogramm, im Überlebensmodus. Zahlreiche körperliche Symptome und Verhaltensweisen können dann zeigen, dass ein Kind – und später auch die erwachsene Person – in der Schockstarre oder in der Übererregung verhaftet bleibt, zum Beispiel allgemeine Unruhe, Einschlaf- und Durchschlafstörungen, Konzentrationsschwächen, Stimmungsschwankungen, negative Gefühle wie Angst, Schuld, Traurigkeit, Scham, Verwirrtheit, deutlich verringertes Interesse oder Teilnahme an Aktivitäten, aggressive Impulsdurchbrüche oder selbstverletzendes Verhalten, Flashbacks (das heißt wiederkehrende überwältigende Erinnerungen) oder »Abtauchen«, innere Abwesenheit, Vermeidung und Rückzug, Starre, leerer Blick ... Zugleich kann sich ein Ich-Anteil ausbilden, der funktioniert, der gut im Leben steht und leistungsstark die Wünsche der Bezugspersonen erfüllt.

Humanwissenschaftliche Reflexion IV: Dissoziative Reaktionen beziehungsweise dissoziative Bewusstseinszustände

Es gibt eine weitere Schutzfunktion des Gehirns, sogenannte dissoziative Zustände,

»die durch Traumata direkt während des Ereignisses, aber dann auch in Stresssituationen danach immer wieder ausgelöst werden können. [...] Man könnte bildhaft sagen, dass im Gehirn eine Art elektrische Hauptsicherung für Gefühle oder auch Erinnerungen und Gedanken für Momente durchglüht, um später wieder eine ›Verbindung‹ zu den Geschehnissen herzustellen. Wenn sich diese Mechanismen während der Traumatisierung einstellen, kann es geschehen, dass Aspekte der Ereignisse oder die ganze Situation der Erinnerung des Kindes nicht zugänglich sind. Solche Mechanismen helfen beim psychischen Überleben des Kindes bei Extrembelastungen« (Krüger 2015, S. 39).

Von außen kann dies wahrgenommen werden als Verstummen, Erstarren, Neben-sich-Stehen, Ganz-weit-weg-Sein, die Welt oder sich selbst als fremd erleben. Einzelne, ganz kurze dissoziative Phänomene in Stress oder Überbelastung, in Schock- und Schreckmomenten sind weit verbreitet, wenn man zum Beispiel nicht mehr erinnern kann, was man in einer hoch belasteten Situation gesagt hat oder wie man nach Hause gekommen ist, wenn man »neben sich« steht oder »außer sich« ist. Dies kann sich auch regressiv oder aggressiv zeigen. Dieser Zustand kann aber auch zum »gewohnten Zustand« werden, wenn ein Kind früh lernt, dass es gut ist, nicht »bei sich«, sondern »ganz weit weg« zu sein – und zugleich, wie bereits beschrieben, im Alltag schulisch und beruflich und familiär, emotional und sozial zu funktionieren (vgl. Kohler-Spiegel 2017). Im Jugend- und Erwachsenenalter kann diese dauerhafte (An-)Spannung zu Erschöpfung führen. Herr W. konnte lange Zeit funktionieren, bis die Erschöpfungserkrankung dieses »Funktionieren« störte und zerstörte, und die körperlichen Schmerzsymptome nach Aufmerksamkeit verlangten. Unabhängig von der Entscheidung zu stationärer oder ambulanter Therapie in der ersten Behandlungsphase war

Herr W. gezwungen zu lernen, dass Abgabe von Autonomie und Annahme von Hilfe nicht zum (früheren) Empfinden des Ausgeliefertseins führen. Er war gefordert zu erleben, dass Situationen, in denen er bei sich selbst ist, nicht sofort zerstört und bestraft werden. Mit aller Unsicherheit – denn für Menschen, die so früh lernen mussten, nicht bei sich selbst zu sein, ist es ungewohnt, verunsichernd und auch bedrohlich zu entdecken: Wer bin ich, wenn ich »bei mir selbst« bin? Wie bin ich dann?

Theologische und poimenische Reflexion: Jüdisch-christlicher Glaube – ein Bindungsangebot

Der kurze Einblick in die emotionale Dynamik zeigt die Bedeutung der frühen Erfahrungen für den Menschen. Es zeigt auch, wie hilfreich es ist, als Kind sicher zu sein und sich im Gegenüber – im Spiegel – selbst wahrnehmen zu können. Resonanz geben meint also, eine andere Person emotional zu beantworten, auf deren Empfindungen, Stimmungen, Gedanken zu reagieren und mit dem Gegenüber mitzuschwingen.

Lebensfördernder Glaube kann die frühen Bindungen verstärken und unterstützen. Jüdisch-christliche Tradition beschreibt die Beziehung zwischen Gott und dem Menschen häufig mit Bildern von Bindung, Beziehung und Begegnung. »Religio« meint »sich rückbinden«, »glauben« heißt in der hebräischen Wurzel »festhalten« und beschreibt die Bewegung des kleinen Kindes, wenn es sich in einer unsicheren Situation am Rockzipfel, an den Hosenbeinen seiner primären Bezugspersonen festhält. Auch religiös wird Bindung häufig in Momenten von Unsicherheit gesichert. Jüdisch-christlich wird der Name Gottes, das heißt das »Wesen Gottes«, erfasst mit den vier Buchstaben: J$_{HWH}$ – »Ich bin da, als der/die ich da sein werde.« Das Zentrum, der Name Gottes, ist ein Beziehungsangebot. Diese Botschaft ist verknüpft mit der Zusage: »Fürchtet euch nicht. Habt keine Angst.« 365-mal, so heißt es, finde sich diese Zusage in der Bibel – als wäre es notwendig, diese Botschaft jeden Tag aufs Neue zu hören, immer wieder. Auch am Beginn und am Ende des Weges Jesu steht diese Botschaft des »Ich bin bei dir« und »Fürchtet euch nicht«. In Jesu Handlungen und Worten wird dies erfahrbar und sichtbar: Der Gott der jüdischen und christlichen Heiligen Schrift, der Gott des Juden Jesu verspricht den Menschen kein einfaches und unkompliziertes, auch kein leidfreies Leben, aber ein begleitetes Leben. Jüdisch-christlicher Glaube kann verstanden werden als Angebot für ein begleitetes Leben – über den Tod hinaus.

Resonanz und Beziehung, einander beantworten, einander nicht alleine lassen mit den jeweils eigenen Erfahrungen und Empfindungen, Herausforderungen und Nöten – das ist gemäß der Überlieferung auch die zentrale Haltung Jesu. Theologisch gesprochen wird in dieser Erfahrung von Resonanz, von Beantwortet-Werden durch Jesus (und in der Nachfolge durch Christ*innen) die Resonanz, das Beantwortet-Werden durch Jhwh sichtbar. Dieses Wesensmerkmal Gottes ist zentral in Ex 3,1–12 überliefert, christlich formuliert könnte man sagen: Christinnen und Christen sind eingeladen zur Nachfolge, das heißt sich gegenseitig anzuerkennen, einander Resonanz zu geben und besonders die Menschen zu beantworten, die am Rande stehen, die nicht beziehungsweise kaum gesehen werden (vgl. Kohler-Spiegel 2018).

Einen Menschen über längere Zeit hinweg psychotherapeutisch oder seelsorglich zu begleiten, bedeutet auch, sich auf die Beziehung zu diesem Menschen einzulassen. Resonanz und Beantwortung im psychotherapeutischen oder seelsorglichen Prozess sind real, sie gelten dieser ganz konkreten Person. Herr W. konnte wie ein Seismograf im Blick des Therapeuten oder der Seelsorgerin erkennen, ob die Zuversicht tragfähig und echt ist, der kleinste Zweifel im Blick wurde registriert. Denn wenn der Boden dünn ist, sind Halt, Beständigkeit und Verlässlichkeit, Präsenz, Interesse, Resonanz und vieles mehr bedeutsam.

Selbstreflexion

Achtsam, aufmerksam, interessiert und mitschwingend beim Gegenüber und zugleich sehr aufmerksam bei sich selbst zu sein – das ist immer anspruchsvoll in therapeutischer und seelsorglicher Begleitung. In der Traumabegleitung kommt es häufig vor, dass die betroffene Person neben fassbaren Gefühlen und Erinnerungen auch von nicht bewusst zugänglichen Empfindungen erfasst wird. Ohnmacht und Entsetzen, Schmerz und Wut und Scham und vieles mehr können die Person überfluten, sie können aber auch vorsprachlich atmosphärisch wirken und fordern auch mich in der Begleitung, diese wahrzunehmen, zu halten, manchmal zu benennen, zu begrenzen – was immer in der Situation und für den Prozess hilfreich ist. Hans Holderegger hat herausgearbeitet, dass Menschen in dieser Überflutung ihren Schmerz, ihre Panik, ihre Ohnmacht oft nicht verbalisieren, aber »in Szene setzen« können, das meint, diese Empfindungen sind für mich als Begleiterin spürbar und erlebbar, sie sind zwischen der betroffenen Person und mir »präsent«, ohne dass es Worte dafür gibt (vgl. Holderegger 2021). Menschen mit Traumaerfahrungen zu begleiten, bedeutet für mich, immer wieder in diesen »Trauma-Raum« einzutreten, dabei zu bleiben, zu halten, ohne selbst erfasst zu werden von diesen Empfindungen. Zu wissen, dass ich den Horror der betroffenen Person mitspüren werde, stärkt mich – denn wenn ich nicht bereit bin, mit in diesen »Raum« zu gehen, bin ich nicht hilfreich. Zugleich aber bleibe ich im Hier und Jetzt und stehe – bildlich gesprochen – mit meinen Beinen auf dem Boden. Und: Ich sehe die Kompetenzen und Ressourcen meines Gegenübers, sie sind als Stärke da und wollen auch anerkannt werden. Da zu sein und da zu bleiben, für den Moment emotional und in der Mimik das Mitgefühl im Entsetzen zuzulassen und zu erleben, um (fast) zeitgleich darin nicht zu »versinken«, sondern in der Gegenwart zu bleiben, sich nicht »anstecken« zu lassen, das erfordert, auf mich zu achten, den Austausch mit Kolleg*innen sowie Freiräume und Erholung zu nutzen und gut im Kontakt mit mir selbst zu sein. In der Begleitung von Menschen mit traumatischem Stress dauerhaft nicht auf die eigenen Coping-Strategien zu achten, kann zu »Sekundärer Traumatisierung« (Lemke 2017) führen. »Sekundäre Traumatisierung« benennt, dass die Arbeit im Umfeld von Trauma auch die Seelsorger*innen und Therapeut*innen betrifft – und es deshalb wichtig ist zu verstehen, wie der »Horror« des Traumas sich in der seelsorgerlichen oder therapeutischen Beziehung abbildet und diese Beziehung beeinflusst sowie auch die beratende Person betrifft.

Aspekte der seelsorglichen Position: Traumasensible Seelsorge

Auch in der seelsorglichen Begleitung haben Wissen über und Aufmerksamkeit für Menschen mit traumatischem Stress zugenommen. Andreas Stahl nennt es »Traumasensible Seelsorge« (Stahl 2019). »Seelsorge ist eine Dimension diakonischen Handelns, die aus dem christlichen Glauben heraus Lebensgestaltung und -bewältigung unterstützen will« (Stahl 2019, S. 359). Traumasensible Seelsorge umfasst alle Aspekte von Seelsorge durch die Einzelperson der Seelsorgerin oder des Seelsorgers mit ihrer*seiner theologisch-fachlichen, emotional-sozialen sowie beraterischen und anderweitigen Kompetenz. Systemisch muss die Verantwortung von Kirche als Täter schwerer Traumatisierungen in den Blick genommen werden – denn es ist von zentraler Bedeutung für betroffene Personen, dass ihre Wahrnehmungen und Gefühle ernstgenommen werden, dass sie den Prozess und die Beziehung(en) steuern können, dass sie Nähe und Distanz bestimmen und vieles mehr. Fremdbestimmt und missachtet zu werden, sich ohnmächtig und ausgeliefert zu fühlen, fühlt sich (meist) wie eine »Wiederholung« an – schon wieder werden meine Grenzen überschritten, unabhängig davon, ob es sich auf Grenzüberschreitungen durch Zuschreibungen, Deutungen, Erklärungen im emotionalen, zwischenmenschlichen, theologischen oder spirituellen Bereich bezieht.

Literatur

Friedmann, A./Hofmann, P./Lueger-Schuster, B./Steinbauer, M./Vyssoki, D (Hg.) (2004): Psychotrauma. Die Posttraumatische Belastungsstörung. Berlin.

Holderegger, H. (2021): Der Umgang mit dem Trauma. Die »traumatisierende« Übertragung als Schlüssel in der Traumatherapie (6. Aufl.). Kröning.

Kohler-Spiegel, H. (2017): Traumatisierte Kinder in der Schule. Verstehen – auffangen – stabilisieren. Ostfildern.

Kohler-Spiegel, H. (2018): Aufwachsen in einem Raum von Resonanz. Ein entwicklungspsychologischer Zugang. In: N. M. Köffler/P. Steinmair-Pösel/T. Sojer, P. Stöger (Hg.). Bildung und Liebe. Interdisziplinäre Perspektive (S. 307–321). Bielefeld.

Krüger, A. (2015): Erste Hilfe für traumatisierte Kinder (5. Aufl.). Ostfildern.

Lemke, J. (2017): Sekundäre Traumatisierung. Klärung von Begriffen und Konzepten der Mittraumatisierung (5. Aufl.). Kröning.
Stahl, A. (2019): Traumasensible Seelsorge. Grundlinien für die Arbeit mit Gewaltbetroffenen. Stuttgart.
Weinberg, D. (2015): Verletzte Kinderseele. Was Eltern traumatisierter Kinder wissen müssen und wie sie richtig reagieren. Stuttgart.
Worden, W. J. (2011): Beratung und Therapie in Trauerfällen. Ein Handbuch (4. Aufl.). Bern.

Helga Kohler-Spiegel ist Professorin für Human- und Bildungswissenschaften an der Pädagogischen Hochschule Vorarlberg in Feldkirch/Österreich. Sie ist Psychotherapeutin, Lehrtherapeutin, Psychoanalytikerin, Supervisorin und Lehrsupervisorin.

Noemi Honegger

»Besuchen Sie mich auch im Pflegeheim?« — Auf unscheinbare Art und Weise Ansehen schenken

Als Spitalseelsorgerin setze ich mich immer wieder neu mit der Frage auseinander, worin eine gelingende Seelsorgepraxis besteht und wie sich diese umsetzen lässt. Die im Folgenden geschilderte Situation hat sich zu Beginn meiner Tätigkeit als Spitalseelsorgerin ereignet und mich insbesondere gelehrt, dass sich gelingende Seelsorge oftmals – wenn auch nicht ausschließlich – in unscheinbaren Begegnungen ereignet.

Beschreibung der Fallsituation

Der Patient Herr G.[1] ist ca. 60 Jahre alt und hat einen schweren Schlaganfall erlitten. Seine dadurch entstandenen Hirnverletzungen haben insbesondere zu einer einseitigen Lähmung geführt. Herr G. ist deshalb in seiner Mobilität und Motorik stark eingeschränkt. Er kann sich ausschließlich im Rollstuhl fortbewegen. Ihm stehen mehrere Monate der Rehabilitation mit intensiven Therapien bevor. Die Spitalseelsorgerin besucht Herrn G. während dieser Zeit regelmäßig. Gegen Ende der Rehabilitation wird sich herausstellen, dass – zumindest bis auf Weiteres – ein eigenständiges Leben in der eigenen Wohnung nicht umsetzbar ist. Er wird deshalb nach seinem mehrmonatigen Spitalaufenthalt in eine betreute Wohneinrichtung eintreten.

Zu einer ersten Begegnung zwischen Herrn G. und der Spitalseelsorgerin kommt es einige Zeit nach seinem Eintritt auf der Rehabilitationsabteilung. Die Spitalseelsorge versucht nach Möglichkeit, Langzeitpatient*innen, deren Konfession bekannt ist, zu besuchen,

---

[1] Name geändert, Situation verfremdet.

um ihre Bedürfnisse und Wünsche in Erfahrung zu bringen. Da Herr G. katholisch ist, hat die Seelsorgerin mehrfach versucht, ihn in seinem Zimmer anzutreffen, wobei er jeweils aufgrund von Therapien oder Besuchen in der Cafeteria abwesend war. Schließlich begegnet sie ihm zufällig auf dem Gang. Er ist mit mehreren Bekannten unterwegs. Trotzdem ergreift sie die sich bietende Gelegenheit und stellt sich vor. Herr G. reagiert zunächst etwas skeptisch. Bei seinen Begleitern scheint der Besuch der Seelsorge eher Heiterkeit hervorzurufen, und sie verweisen darauf, dass er diesen Dienst bestimmt besonders nötig habe. Herr G. wirkt etwas verlegen und fügt an, dass er kein praktizierender Christ sei. Die Seelsorgerin erklärt ihm, dass sie grundsätzlich Menschen besuche – unabhängig von Konfession, (Nicht-)Glauben oder Glaubenspraxis. Sie könne ihre Zeit anbieten, um zuzuhören, Gedanken zu teilen und über Schwieriges oder Leichtes nachzudenken. Auch ein Spaziergang wäre denkbar. Herr G. meint, ein Besuch könne ja nicht schaden. Daraufhin verabredet sich die Seelsorgerin mit dem Patienten zu einem Besuch in der kommenden Woche.

Wie vereinbart besucht die Seelsorgerin Herrn G. Dieser berichtet von seinem Berufsleben und seiner Familie. Er erzählt jedoch wenig von seiner aktuellen Situation, von seinen mit dem Schlaganfall verbundenen Erlebnissen oder dem darauffolgenden Spitalaufenthalt. Es wird schnell klar, dass Herr G. sich – nicht zuletzt aufgrund seiner Hirnverletzungen – nur sehr kurz konzentrieren kann. Nach rund 15 Minuten scheint seine Aufmerksamkeit zu schwinden und er scheint zu ermüden. Die Seelsorgerin verabschiedet sich und verbleibt mit Herrn G. so, dass sie ihn zu einem späteren Zeitpunkt wieder besuchen wird. In den folgenden Wochen kommt es zu kurzen Begegnungen im Spitalzimmer, auf dem Gang oder in der Cafeteria. Themen der Gespräche sind Hobbies, Familie, Beruf und teilweise auch die Entwicklung seines Gesundheitszustandes. Herr G. scheint sich stets über den Besuch der Seelsorgerin zu freuen. Insgesamt gehen die Gespräche aber wenig in die Tiefe und sind jeweils ziemlich kurz. Wenige Tage vor seinem Austritt vertraut sich Herr G. der Seelsorgerin an und erzählt von der kürzlich erfolgten Trennung von seiner Partnerin. Die Herausforderungen seiner Erkrankung haben die Beziehung zerbrechen lassen. Nie kam so deutlich zur Sprache, dass der Schlaganfall zu einem Bruch in seinem Leben geführt hat. Die Seelsorgerin und Herr G. versuchen die damit verbundene Trauer in Worte zu fassen und ihr dadurch Raum zu geben. Schließlich fragt Herr G. bei einem der letzten Treffen hoffnungsvoll: »*Besuchen Sie mich auch im Pflegeheim?*« Daraufhin muss die Seelsorgerin ihn informieren, dass sie leider nur Besuche innerhalb der Institution anbietet und ihn deshalb nicht mehr regelmäßig im Pflegeheim besuchen kann. Sie empfiehlt ihm, sich zu erkundigen, ob es auch in der Wohneinrichtung ein Seelsorgeangebot gibt oder sich gegebenenfalls an die Pfarrei zu wenden.

Gottes Zuwendung und Autonomie des Menschen – Theologische Reflexion

Eine gelingende und glaubwürdige Seelsorgepraxis orientiert sich am christlichen Gottes- und Menschenbild (vgl. Nauer 2014). Zahlreiche biblische Geschichten erzählen davon, dass Gott jeden einzelnen Menschen in seinen Bedürfnissen sieht und ihm in seiner Einzigartigkeit begegnet. Gott offenbart sich Mose als der, der da ist (vgl. Ex 3,14). Diese Gegenwart ist keine neutrale Präsenz, sondern eine, die sich umfassend um den Menschen kümmert. So schickt Gott etwa einen Engel zum verzweifelten Elia, um diesen nicht nur mit aufmunternden Worten, sondern auch mit Speis und Trank wieder aufzurichten (vgl. 1 Kön 19). Im Neuen Testament zeigt Jesus keine Berührungsängste und ist den Menschen nahe. Exemplarisch für diese Nähe zu den Menschen stehen seine Tischgemeinschaft mit Zöllnern (vgl. Mt 9,10) oder die zahlreichen Heilungen von Kranken (vgl. Mt 15). Gott wendet sich den Menschen zu und ergreift Partei für sie. Untrennbar damit verbunden ist seine Zusage, dass jeder Mensch geliebt und gewollt ist. Jeder und jedem kommt eine unüberbietbare Würde und ein einzigartiger Wert zu (vgl. Knoll 2022, S. 11). Diese Zuwendung Gottes kann in Seelsorgebegegnungen explizit zur Sprache kommen oder – wie im vorliegenden Fall – implizit aufleuchten. Würde und Wert jedes einzelnen Menschen jenseits von Krankheit, Schwäche und Beeinträchtigung finden dadurch Anerkennung und werden sichtbar gemacht. In der vorliegenden Situation war die Seelsorgerin bestrebt, Herrn G. zu jedem Zeitpunkt auf

Augenhöhe zu begegnen und ihm als Person Ansehen zu schenken. Die Seelsorgerin versucht, ihm das Gefühl zu vermitteln, dass er als ganze Person gesehen und nicht auf seine Krankheitsgeschichte reduziert wird. Dabei kommen die gesundheitlichen Beeinträchtigungen von Herrn G. und die damit verbundenen Sorgen in dem Maße zur Sprache, wie er dies wünscht. Er bestimmt selbst, was und wie viel er von sich und seiner Gedankenwelt preisgeben möchte. Die Seelsorgerin ist gewissermaßen Gast, sie klopft an und macht damit ein Beziehungsangebot (vgl. Kießling 2019, S. 74). Wird ihr Gastfreundschaft gewährt, respektiert sie die von ihrem Gastgeber gezogenen Grenzen und damit seine Autonomie.

Dieser Haltung des Gastseins entspricht ein behutsamer und sorgfältiger Umgang mit anvertrauten Menschen. Dies ist angesichts der Vulnerabilität hospitalisierter Menschen besonders angezeigt. Die Welt von Herrn G. steht Kopf. Er befindet sich in einer für ihn nie dagewesenen Situation. Unerwartet ist er von einem Tag auf den anderen in vielfacher Weise auf die Hilfe anderer angewiesen. Sein Tagesablauf ist »fremdbestimmt« und es gibt nur wenige Rückzugsorte. Der Seelsorge – gerade auch als theologische Disziplin – kommt die Aufgabe zu, diese Verletzlichkeit überhaupt erst wahrzunehmen und möglichst einen Schutzmantel auszubreiten. Dies kann gelingen, indem sie Rückzugsräume schafft – Oasen innerhalb des Spitalalltags, die ein »Da-Sein« ermöglichen.

Der Seelsorgerin ist dieser behutsame und unaufdringliche Umgang mit den Menschen im Spital aber auch aufgrund ihrer kirchlichen Zugehörigkeit ein besonderes Anliegen. Sie hat ein hohes Bewusstsein dafür, dass sie als Theologin und Seelsorgerin immer auch eine Institution vertritt, die sich vor allem in der Vergangenheit und womöglich auch in der Gegenwart an Menschen schuldig macht, indem sie deren Intimsphäre auf vielfältige Art und Weise verletzt. Ebenso ist sie sich bewusst, dass Spitalseelsorge – gerade auch in einer aufsuchenden Form – auf ein säkulares oder kirchenfernes Umfeld trifft. Wie in der vorliegenden Situation geschehen, muss sich Seelsorge erklären und kann nicht damit rechnen, ein im wahrsten Sinne des Wortes »selbst-verständliches« Angebot zu sein.

Behutsamkeit und Sorgfalt – Humanwissenschaftliche Reflexion

Die erste Begegnung mit Herrn G. und seinen Bekannten zeigt deutlich, dass diese trotz formaler Zugehörigkeit zur katholischen Kirche kaum Berührungspunkte mit Kirche und institutionalisiertem Glauben haben. Weder Herr G. noch seine Begleiter haben mit dem Besuch der Seelsorge gerechnet. Diese Unsicherheit zeigt sich in etwas »flapsigen« Bemerkungen seiner Begleiter wie auch in der Verlegenheit von Herrn G. Die Seelsorgerin nimmt insbesondere die Bemerkung »*Ich bin kein praktizierender Christ*« ernst. Angesichts dessen, dass die Kirchenbindung in der Schweiz immer fragiler[2] und Religion immer mehr im Bereich des Privaten verortet wird, begegnet diese Aussage im Rahmen aufsuchender Seelsorge im Krankenhaus immer häufiger. In manchen Fällen drücken Menschen damit aus, dass sie grundsätzlich keinen Besuch der Seelsorge wünschen. Teilweise ist damit die Sorge verbunden, für den Besuch der Seelsorge durch eine fehlende kirchliche Glaubenspraxis nicht zu genügen. Andere wiederum wollen sich gegen jegliche Bekehrungsversuche – und dies zu Recht – verwehren. In einem ersten Schritt geht es deshalb darum zu klären, welche Bedeutung der Aussage von Herrn G. zukommt. Dabei muss das Angebot der Spitalseelsorge überhaupt erst formuliert und vorgestellt werden. Erst auf dieser Grundlage kann Herr G. entscheiden, ob er einen weiteren Besuch wünscht. Die Seelsorgerin versucht mit ihrer Antwort, jeglichen Leistungsdruck zu nehmen und eine seelsorgliche Begleitung als voraussetzungsloses (vgl. Nauer 2014, S. 140), niedrigschwelliges und vor allem freiwilliges Angebot zu charakterisieren.

Ebenfalls besondere Sorgfalt und Behutsamkeit verlangt der Gesundheitszustand des Patienten. Im weiteren Verlauf der Begleitung wird für die Seelsorgerin rasch deutlich, dass die Hirnschädigungen von Herrn G. nicht nur zu physischen Beeinträchtigungen in Form eingeschränkter Mobilität und Motorik geführt haben. Vielmehr haben sich diese auch kognitiv – insbesondere auf seine Konzen-

---

2 Für die katholische Kirche siehe Schweizerisches Pastoralsoziologisches Institut 2019.

trationsfähigkeit – ausgewirkt.³ Ein Gespräch ermüdet ihn schnell. Nach kurzer Zeit scheint er gedanklich abzuschweifen. Hinzu kommt, dass Herr G. aufgrund seines intensiven Therapieplans stark gefordert ist. Die Seelsorgerin setzt deshalb auf kurze Begegnungen, die sich auf unkomplizierte Weise in den Spitalalltag integrieren lassen und ihn dabei weder überfordern noch übermüden. Sie besucht Herrn G. in seinem Zimmer. Gerne besucht er mit ihr aber auch die Cafeteria oder sitzt auf der Terrasse des Spitals. Der Seelsorgerin ist es besonders wichtig, durch regelmäßige Besuche Verlässlichkeit zu signalisieren und dadurch in einer von Umbrüchen geprägten Lebenssituation Sicherheit zu bieten. Dabei ermöglichten gerade diese regelmäßigen Besuche den Aufbau eines Vertrauensverhältnisses, auf dessen Basis schließlich die Trauer um die verlorene Partnerschaft einen Raum findet.

Gelingende Seelsorge? – Selbstreflexion

Ich habe Herrn G. über viele Wochen in unscheinbaren Gesprächen begleitet. Es gab wenige Momente, in denen er über Gefühle, über seine Krankheit oder seinen Umgang mit den Folgen seines Schlaganfalls sprach. Ebenso wurden selten »große Lebensthemen« angeschnitten, noch kamen vielen Sorgen zur Sprache. Obwohl ich klar spürte, dass Herr G. sich auf unsere Begegnungen freute und diese mit jeder Woche auch mehr erwartete, habe ich mich immer wieder gefragt: Was tue ich hier eigentlich? Handelt es sich dabei überhaupt um Seelsorge? Wie kann ich meine Besuche auch gegenüber Dritten »rechtfertigen«? Die Seelsorgebegegnungen mit Herrn G. haben sich relativ am Anfang meiner Tätigkeit als Spitalseelsorgerin zugetragen und waren für mein Seelsorgeverständnis prägend. Bis heute gehört es zu meinem professionellen Rollenverständnis, Seelsorgegespräche und -beziehungen kritisch zu hinterfragen. Angesichts knapper zeitlicher Ressourcen gilt es zu überlegen, wieviel Zeit ich wem schenken kann und nach welchen Kriterien ich Patient*innen priorisiere. Herr G. hat mich gelehrt, dass sich Seelsorge auch unscheinbar er-

---

3 Frommann fasst in Kürze die Folgen von Funktionsstörungen des Gehirns aufgrund von Hirnschädigungen zusammen (vgl. Frommann 2013, S. 24 ff.).

eignen kann. Dabei kann die Qualität eines Seelsorgebesuches oder von mehreren zusammenhängenden Seelsorgebegegnungen nicht ausschließlich am gesprochenen Wort festgemacht werden. Vielmehr liegt der Wert einer seelsorglichen Begleitung in einer Vertrauen und Sicherheit schaffenden Präsenz, die bestärkt und ermutigt. Herr G. hat im Verlaufe der Begleitung in zweifacher Hinsicht signalisiert, dass dieses Vertrauen über die Zeit aufgebaut werden konnte. Einerseits konnte er den Verlust seiner Partnerschaft und seine Trauer darüber kommunizieren. Andererseits machte er deutlich, dass er die Begleitung schätzte, indem er nach einer Fortsetzung an seinem neuen Lebensort fragte. Diese vertrauensvolle Frage hat mich bestärkt, dass nicht nur diejenigen Menschen seelsorgliche Begleitung wertschätzen oder ihrer vielleicht auch bedürfen, die eigene Sorgen zu formulieren bereit sind. Es hat sich für mich herauskristallisiert, dass nicht ausschließlich Gespräche, die große Fragen der Identität oder des Lebenssinnes auf den Tisch bringen, ihre Berechtigung haben. Letztlich steht es mir nicht zu, zu beurteilen, was von Bedeutung oder was belanglos oder beliebig ist. Ich kann darauf vertrauen, dass mein Gegenüber das zur Sprache bringt, was für ihn oder sie in diesem Moment wichtig ist und ausgesprochen werden soll. Seelsorge ereignet sich deshalb nicht nur im Außergewöhnlichen, sondern in besonderer Weise im Alltäglichen. Kurze, aufmerksame Gespräche und Begegnungen zeigen: Ich sehe dich.

Ansehen schenken – Begründung der seelsorglichen Position

Seelsorge sorgt sich um den ganzen Menschen und kann sich dabei in den unterschiedlichsten Facetten zeigen. Sie kann Glaubens- und Lebenshilfe wie auch Orientierungshilfe in Krisen- und Konfliktsituationen sein (vgl. Nauer 2014, S. 262). Manchmal, wie in der vorliegenden Situation ausgiebig geschildert, ist ihre Funktion oder ihre – um einen Begriff aus dem Gesundheitswesen zu verwenden – Leistung subtiler und dadurch ungleich schwieriger zu fassen. Dies liegt nicht zuletzt darin, dass Seelsorge sich nicht selten durch ihre »Zweckfreiheit« und dadurch als absichtsloses Angebot auszeichnet (vgl. Klessmann 2012, S. 7). Damit ist weder Ziel- oder Sinnlosigkeit impliziert, sondern es wird vielmehr beschrieben, dass Seelsorge keinen übergeordneten oder externen Zielen unterliegt. Eine Seelsorgebegegnung darf um ihrer selbst willen geschehen: Seelsorge ist zunächst einmal Begegnung.

Im Zentrum der seelsorglichen Herangehensweise stehen Behutsamkeit, Sorgfalt und Zuverlässigkeit. Dies gilt umso mehr, als dass Seelsorgende eine große Offenheit für alle Suchenden und Leidenden unabhängig von religiöser Sozialisierung oder Kultur haben (vgl. Kießling 2021, S. 538). Sie wissen dabei insbesondere um die besondere Vulnerabilität von kranken, beeinträchtigten oder aus welchen Gründen auch immer hospitalisierten Menschen, genauso wie sie auch ein ausgeprägtes Bewusstsein für die Vulnerabilität als »conditio humana« haben.[4] Gleichzeitig anerkennen sie die Würde und den einzigartigen Wert eines jeden Menschen. Sie sind deshalb bestrebt, Schutzräume zu schaffen. Gelingende Seelsorge schafft einen Raum, in dem bloßes »Da-Sein« möglich ist. Der Mensch im Spital findet einen Ort, an dem er sein darf. Es wird keine Leistung erwartet, keine therapeutischen Ziele müssen erreicht werden. Damit einher geht, dass Seelsorgende keine Erwartungen an den Inhalt des Gesprächs mitbringen, sondern sich für unterschiedliche Themen und Gesprächsausgänge offen zeigen (vgl. Kießling 2021, S. 538): Das Gegenüber entscheidet selbst, was er oder sie zum Thema macht. Körperliche Gebrechen und Beeinträchtigungen können benannt und betrauert werden, ohne dass der Mensch auf sie reduziert wird. Sorgen, Ängste und Trauer dürfen ausgesprochen werden, sind aber vielleicht auch unausgesprochen in der Begegnung aufgehoben und geborgen. In all dem gilt, dass gelingende seelsorgliche Begleitung auch auf unscheinbare Weise Kostbares leisten kann: den Menschen, die Person hinter dem Patienten und der Patientin wahrzunehmen und ihm*ihr jenseits von Krankheit und Beeinträchtigung Ansehen zu schenken.

---

4   Zum Begriff der Vulnerabilität siehe Ten Have 2016. Siehe außerdem Bieler 2020: Die Autorin stellt den Begriff der Vulnerabilität ins Zentrum einer Theologie der Seelsorge.

Literatur

Bieler, A. (2020): Verletzliches Leben. Horizont einer Theologie der Seelsorge. Göttingen.

Frommann, N. (2013): Das Verletzte stärken. Seelsorge für Menschen mit erworbenen Hirnschädigungen und für Menschen im Wachkoma. Göttingen.

Kießling, K. (2019): Unter fremdem Anspruch. Seelsorge interkulturell – aus der Perspektive eines Pastoralpsychologen. In: K. Kießling/J. Mertsacker (Hg.). Seelsorge interkulturell. Pastoralpsychologische Beiträge (S. 51–85). Göttingen.

Kießling, K. (2021): Grundwissen Psychologie in Theologie und Seelsorge. In: K. Kießling/A. Engel/T. Strunk/H.-J. Wagener (Hg.), Grundwissen Psychologie. Lehrbuch für Theologie und Seelsorge (S. 479–540). Ostfildern.

Klessmann, M. (2012): Seelsorge. Begleitung, Begegnung, Lebensdeutung im Horizont des christlichen Glaubens. Ein Lehrbuch (4. Aufl.). Göttingen.

Knoll, F. (2022): Schuld – Scham – Verzeihen: Wirkmächtige Begleiter in der Seelsorge. In: F. Knoll/H. Heil/U. Engel (Hg.). Bewährtes bewahren – Neues wagen. Innovative Aufbrüche in der Seelsorge und darüber hinaus (S. 81–91). Stuttgart.

Nauer, D. (2014): Seelsorge. Sorge um die Seele (3. Aufl.). Stuttgart.

Ten Have, H. (2016): Vulnerability. Challenging bioethics. Oxon/New York.

Schweizerisches Pastoralinstitut (2019): Kirchenstatistik der Schweiz: Hohe Mitgliederzahl bei fragiler Kirchenbindung. https://kirchenstatistik.spi-sg.ch/kirchenstatistik-der-schweiz-hohe-mitgliederzahl-bei-fragiler-kirchenbindung/ (Zugriff am 31.8.2022).

Noemi Honegger, MA Theologische Studien und MA Volkswirtschaftslehre, ist Doktorandin am Institut für Sozialethik ISE an der Universität Luzern und Seelsorgerin am Kantonsspital Fribourg sowie Studienleiterin des Studiengangs Clinical Pastoral Training (CPT) der Aus- und Weiterbildung in Seelsorge, Spiritual Care und Pastoralpsychologie Schweiz (AWS) mit Sitz an der Universität Bern.

Lukas Stuck
Mehr als ein Gespräch —
Seelsorge für Menschen mit einer Demenz

Die Fallsituation

Der Seelsorger ist zuständig für eine größere Pflegeeinrichtung, in der kürzlich ein neuer Wohnbereich für Menschen mit Demenz geschaffen wurde. Er ist hier zum ersten Mal auf Besuch. Auch mit seiner Seelsorgeerfahrung ist die Begleitung von Menschen mit Demenz für ihn neu. Er ist auf dieser Abteilung in besonderem Maße auf die interprofessionelle Zusammenarbeit angewiesen. Zunächst geht er zum Stationszimmer und fragt die anwesende Pflegefachfrau, wen er besuchen könnte. Sie ist zunächst etwas ratlos: »Die meisten Bewohner können sich nicht mehr auf ein Gespräch einlassen.« Der Seelsorger meint, dass er sich auch zu einer Bewohnerin oder einem Bewohner dazusetzen und einfach da sein könne. Da schildert die Pflegefachfrau die Situation von Frau Müller[1], die neu in die Pflegeeinrichtung eingetreten ist. Sie würde sich vermutlich über seine Anwesenheit freuen, sie sei früher eine sehr gläubige Frau gewesen. Der Seelsorger geht in den Aufenthaltsraum und begrüßt die anwesenden Bewohner*innen. Sie sitzen an verschiedenen Tischen im Raum. Der Seelsorger geht auf Frau Müller zu, die in ihrem Rollstuhl sitzt. Den Blick starr auf eine Wand gerichtet, scheint sie vertieft in ihre eigenen Gedanken zu sein und den Seelsorger nicht wahrzunehmen. Er setzt sich zu ihr in die Nähe und begrüßt sie. Doch Frau Müller reagiert kaum. Der Seelsorger versucht einige einfache Fragen zu stellen: »*Wie geht es Ihnen? Wie war Ihr Tag?*« Doch von Frau Müller kommt keine Reaktion. Innerlich ist der Seelsorger aufgewühlt und

---
1 Name geändert, Situation verfremdet.

fragt sich: »Was bringt dieser Besuch überhaupt? Frau Müller wird sich kaum an mich erinnern können.« Ziemlich abrupt beginnt Frau Müller laut »*Ja, ja*« zu rufen. Die anderen Bewohner*innen scheint es nicht zu stören, offenbar haben sie sich längst an Frau Müller gewöhnt. Eine von ihnen richtet sich an den Seelsorger: »Frau Müller kann nicht mehr viel erzählen. Aber Gedichte, Gedichte kann sie noch viele auswendig.« Der Seelsorger bedankt sich für den wichtigen Hinweis. Er verabschiedet sich von den Bewohner*innen und beschließt, beim nächsten Mal anders vorzugehen.

Für seinen nächsten Besuch hat der Seelsorger mehrere bekannte deutsche Gedichte ausgedruckt. Dieses Mal ist Frau Müller mit ihrer Tochter im Aufenthaltsraum. Der Seelsorger fragt, ob er sich dazusetzen könne, was die Tochter gerne annimmt. Er erzählt ihr von seiner Idee, mit Frau Müller Gedichte zu lesen. Die Tochter findet das eine sehr gute Idee. Auch sie weiß, dass ihre Mutter viele Gedichte auswendig gelernt hat. Besonders eines hätte sie immer gemocht. Sie wisse zwar den Anfang nicht, aber es gehe um einen König. Frau Müller ist auch bei diesem Besuch sehr still. Der Seelsorger beginnt mit seinem Versuch und fragt Frau Müller, ob sie den Erlkönig kenne. Von Frau Müller kommt keine Reaktion. Erst als der Seelsorger den Anfang liest, »*Wer reitet so spät durch Nacht und Wind*«, hellt sich der Blick von Frau Müller auf. »*Ja, das kenne ich*«, meint sie und rezitiert die nächsten Zeilen. Der Seelsorger ist ganz begeistert: Frau Müller, die vorher kaum ein Wort gesprochen hat, rezitiert ganze Zeilen eines Gedichts. »*Welche Gedichte kennen Sie noch?*«, fragt er. Die Tochter erinnert sich nun an den Anfang des Lieblingsgedichts von Frau Müller: »*Es beginnt mit ›Es stand in alten Zeiten ein Schloss, so hoch und hehr‹.*« Als Frau Müller diese Worte hört, verändert sich ihre ganze Mimik. Sie sitzt nun aufrecht, konzentriert und mit wachem Blick in ihrem Rollstuhl. Und sie beginnt ihr Lieblingsgedicht »Des Sängers Fluch« von Ludwig Uhland zu rezitieren. Der Seelsorger ist ganz verblüfft, mit welcher Hingabe sie das Gedicht aufsagt. Als es heißt: »*Dann ruft er, dass es schaurig durch Schloss und Gärten gellt: ›Weh euch, ihr stolzen Hallen!‹*« ruft auch Frau Müller mit lauter und furchteinflößender Stimme. Sie rezitiert das Gedicht nicht nur, sie spielt es, als wäre es ein Theaterstück. Auch die anderen Bewohner*innen hören der Darbietung überrascht zu. Als sie zum Ende gekommen ist, zeigt sich der Seelsorger ganz gerührt ob dieser plötzlichen Emotionalität von einer Frau, die beim letzten Besuch kaum ein Wort gesagt hatte.

Humanwissenschaftliche Reflexion

Das Fallbeispiel zeigt, welche Herausforderung eine dementielle Erkrankung für die Seelsorgebegegnung bedeuten kann. Raffinierte Fragen oder ein Gespräch auf kognitiver Ebene sind hier keine probaten Mittel für den Seelsorger. Seine Ratlosigkeit bei der ersten Begegnung ist verständlich: Das Gespräch als zentrales Medium der Seelsorge stößt hier an seine Grenzen.

Frau Müller leidet an einer fortgeschrittenen Demenz im zweiten oder dritten Stadium (vgl. Gatterer/Croy 2005). Eine selbstständige Lebensführung ist nicht mehr möglich. Sie braucht professionelle Betreuung. Die Kommunikation mit anderen Menschen ist sehr stark eingeschränkt, und im Gedächtnis sind nur noch inselförmig erhaltene Erinnerungen vorhanden, wie sie für das dritte Stadium typisch sind (vgl. Lind 2003, S. 32). Die Wahrscheinlichkeit in der Gemeindeseelsorge, Menschen mit Demenz zu begleiten, ist sehr groß. Im zweiten und im dritten Stadium wohnen sie oft in Pflegeeinrichtungen, weil eine Betreuung zu Hause nicht mehr möglich ist. Gemäß Berechnungen von Alzheimer's Disease International, der Dachorganisation weltweiter Alzheimer-Verbände, wird sich die Zahl der Menschen mit Demenz bis 2050 weltweit auf 139 Millionen verdreifachen (vgl. Alzheimer's Disease International 2020). Viele von ihnen sind dann ebenfalls auf eine professionelle und spezialisierte Betreuung angewiesen. Die professionelle Seelsorge in Pflegeeinrichtungen wird hier besonders gefordert sein, weil Kenntnisse über den Verlauf einer Demenz und neue kommunikative Zugangsweisen gefragt sind. Darum scheint mir für Seelsorger*innen, die Menschen mit Demenz begleiten, eine grundlegende Ausbildung in gerontologischen Fragen sowie kommunikativen Techniken wie der Validation unabdingbar.[2]

---

2 Die Aus- und Weiterbildung in Seelsorge, Spiritual Care und Pastoralpsychologie (AWS) bietet seit mehreren Jahren in der Schweiz einen Zertifikatsstu-

Eine neurowissenschaftliche Sicht auf die Fallsituation würde deutlich machen, dass Frau Müller unter einem kognitiven Erinnerungsverlust leidet. Wieso kann sie dennoch ein Gedicht rezitieren? Dies ist erklärbar durch das sogenannte prozedurale Gedächtnis. Als prozedurales Gedächtnis werden in der Medizin und Psychologie Fertigkeiten bezeichnet, die unbewusst beziehungsweise implizit ablaufen. Es ist zuständig für Bewegungs- und Handlungsabläufe. Bei vielen Formen von Demenz ist das prozedurale Gedächtnis häufig weniger stark betroffen als das episodische Langzeitgedächtnis (vgl. Anderson 2013). Auch bei Musik beziehungsweise Liedern werden ähnliche Beobachtungen gemacht. Deshalb ist ein Rückgriff auf Inhalte dieses Gedächtnisses oftmals hilfreich in der Seelsorge.

Der Seelsorger bewegt sich für die Begegnung im Kontext eines Alters- und Pflegeheims. Dort ist er mit einem klaren Auftragsverständnis konfrontiert: Seelsorge entspricht einem Gespräch. Für die Begleitung von Menschen mit Demenz ist jedoch eine Erweiterung dieses Auftragsverständnisses erforderlich. Seelsorge ist hier mehr als ein Gespräch. Dies ist die Erfahrung von vielen Seelsorgenden in Alters- und Pflegeheimen, die auch Begleitung durch Rituale wie zum Beispiel Salbungen anbieten.

Theologische Reflexion

Seelsorge mit Menschen mit Demenz beruht auf dem Verständnis, dass jeder Mensch ein Ebenbild Gottes ist, unabhängig von Leistung und Fähigkeiten, und ihm darum eine unabdingbare Würde eigen ist, trotz des manchmal schweren Verlaufs der Krankheit. Ein solches Menschenbild hat Auswirkungen auf die Begleitung: Das hier angeführte Beispiel zeigt auf, dass eine würdevolle Haltung gegenüber dem Menschen mit Demenz eine Begleitung ermöglicht, in der wichtige Ressourcen zum Vorschein kommen.

Interessant ist die theologische Reflexion zum Gedächtnisverlust bei einer Demenz. Beim Fallbeispiel geht es genau um diese Frage. Oft geht Demenz mit einem Gedächtnisverlust und dem Verlust

---

diengang »Altersseelsorge in Heimen und Gemeinden« an, der professionelle Seelsorgende in diesem Bereich ausbildet.

der Erinnerung einher. Aus medizinischer Sicht ist Demenz mit der Beeinträchtigung kognitiver Fähigkeiten verbunden. Aus theologischer Sicht ist wichtig festzuhalten, dass mit der Erinnerung mehr als die kognitiven Fähigkeiten eines einzelnen Menschen gemeint ist. Erinnerung ist ein zentraler Begriff in der jüdisch-christlichen Tradition. Seelsorge weiß um die kollektive und kommunikative Dimension des Erinnerns (vgl. Assmann 2013). Seelsorge ist hier anamnetische Praxis: Sie ist kollektives und kommunikatives Erinnern. Im beschriebenen Fall geschieht dies beispielhaft durch den Einsatz eines Gedichtes. Eine Möglichkeit der Anwendung besteht im individuellen seelsorglichen Gespräch wie im Fallbeispiel. Anamnetische Praxis kann aber auch im liturgischen Feiern erfolgen. Aus diesem Grund plädiere ich mit anderen dafür, das Abendmahl mit Menschen mit Demenz zu feiern, trotz praktischer Schwierigkeiten in der Umsetzung. Anamnetische Praxis erfolgt aber auch beim Singen von bekanntem geistlichem Liedgut oder beim Musikhören (vgl. Stuck 2020).

Selbstreflexion

Demenz stellt uns in einer seelsorglichen Begegnung vor große Herausforderungen. Unser Bild des guten Lebens ist bestimmt von Autonomie, Kreativität und Produktivität (vgl. Meireis 2017, S. 27). Diesem Bild entsprechen Menschen mit Demenz nicht. Begegnungen mit ihnen können deshalb auch Irritationen auslösen. Seelsorgende bedürfen deshalb insbesondere folgender Fähigkeiten:
– *Kreativität:* Wie im Beispiel gezeigt, ist die Begegnung mit Menschen mit Demenz sehr individuell und abgestimmt auf die jeweiligen Ressourcen des Menschen. Diese können auch ganz anderer Art sein, zum Beispiel musikalische Fähigkeiten.
– *Spontaneität:* Noch stärker als sonst in der Seelsorge erfordert die Begegnung mit Menschen mit Demenz ein Verständnis für den kairotischen Moment in der Seelsorge. Bei Demenzerkrankten fehlt oftmals die Möglichkeit, die Vergangenheit abzurufen oder Perspektiven für die Zukunft zu zeichnen. Da bleibt nur die Möglichkeit, den Moment mit dem Menschen mit Demenz zu (er)leben.

– *Offenheit für das Fremde:* Im bekannten Roman von Arno Geiger »Der alte König in seinem Exil« wird die Begleitung des Vaters in dessen Demenzerkrankung durch den Autoren und somit auch das Leben des Vaters in seiner Fremdheit geschildert. Die Begegnung mit Menschen mit Demenz erfordert einen Respekt und eine Würdigung ihrer Welt. Diese ist uns manchmal fremd oder unheimlich. Seelsorger*innen sind hier gefordert, das Fremde zu respektieren und stehen zu lassen.

Begründung der seelsorglichen Position

In der Seelsorge mit Menschen mit Demenz werden meines Erachtens Gesichtspunkte der Seelsorge deutlich, die für die Praktische Theologie allgemein relevant sind:
– Statt einer Fokussierung auf gesprächsorientierte Seelsorge, die mit raffinierten Fragen Hilfestellungen gibt, ist in der Seelsorge mit Demenzerkrankten ein anderer Fokus gefragt. Im Beispiel gelingt dies mit einem Gedicht, erklärbar durch das prozedurale Gedächtnis. Dieses ist bei einer Demenz oft noch lange vorhanden, auch wenn episodische Erinnerungen verloren gehen. Das bereits aufgeführte prozedurale Gedächtnis ermöglicht es, dass Menschen ein bestimmtes Verhalten (in diesem Fall die Rezitation eines Gedichtes) abrufen können. Dies geschieht »automatisch«, ohne dass darüber reflektiert werden muss. Dieses Konzept vermag auch zu erklären, warum die Frau im Fallbeispiel das Gedicht mit Emotionen rezitiert, so wie sie es vermutlich auch getan hat, als sie das Gedicht als junge Frau gelernt hat.
– Hilfreich sind in der seelsorglichen Begleitung von Menschen mit Demenz auch *Rituale*. Dies ist ebenfalls mit dem prozeduralen Gedächtnis erklärbar. Die Abfolge der Strophen eines Liedes oder die verschiedenen liturgischen Teile eines Gottesdienstes können das prozedurale Gedächtnis aktivieren. Dabei können sowohl klassische Rituale als auch kurze Alltagsritualisierungen wie ein Abendgebet hilfreich sein (vgl. Stuck 2020). Deshalb sind bei der Seelsorge mit Demenzerkrankten Möglichkeiten einer rituellen Seelsorge stärker gefragt.

- Die Seelsorge mit an Demenz erkrankten Menschen ist auch eine Seelsorge *für* Menschen mit Demenz. Im Besonderen erfordert die Begegnung mit Menschen, die oft bereits nicht mehr sprechen können oder nicht mehr urteilsfähig sind, ein Augenmerk für die prophetisch-kritische Dimension der Seelsorge. Seelsorger*innen werden hier auch anwaltschaftlich betraut mit der Aufgabe, die Würde der Menschen mit Demenz, die stets unabhängig von bestimmten Fähigkeiten ist, zu schützen und gegenüber anderen zu vertreten. Dies ist besonders darum wichtig, weil die Würde und der Personenstatus von Demenzerkrankten in der philosophischen Diskussion immer wieder in Frage gestellt werden, zum Beispiel von Peter Singer (vgl. Singer 1993 und zu einer theologischen Antwort darauf Swinton 2012).

Fazit

Das Fallbeispiel zeigt auf, dass die Seelsorge mit Menschen mit Demenz auf vielfältige Art noch bestehende Ressourcen aktivieren kann. Wichtig ist die Kenntnis um die Bedeutung des prozeduralen Gedächtnisses. Dies bedeutet für die Seelsorge, dass Formen ritualisierter Begleitung oder rituelle Seelsorge bei Demenzerkrankungen sehr effektiv sein können. Das Fallbeispiel zeigt auch, dass die Begleitung bei einer Demenz sehr individuell gestaltet werden muss. Was bei Frau Müller hilfreich ist, kann bei anderen Menschen mit Demenz nicht anschlussfähig sein. Seelsorge ist hier ganz besonders angewiesen auf den Austausch, interdisziplinär mit der Pflege sowie mit Angehörigen.

Literatur

Alzheimer's Disease International (2020). Numbers of People with Dementia. https://www.alzint.org/about/dementia-facts-figures/dementia-statistics/ (Zugriff am 30.07.2021).
Anderson, J. (2013): Kognitive Psychologie (7. Aufl.). Berlin.
Assmann, J. (2013): Das kulturelle Gedächtnis. Schrift, Erinnerung und politische Identität in frühen Hochkulturen (7. Aufl.). München.
Gatterer, G./Croy, A. (2005): Leben mit Demenz. Praxisbezogener Ratgeber für Pflege und Betreuung. Unter Mitarbeit von Gabriela Neubauer. Wien.

Lind, S. (2003): Demenzkranke Menschen pflegen: Grundlagen, Strategien, Konzepte. Bern.
Meireis, T. (2017): Demenz, Effizienz und gutes Leben. In: M. Werren/F. Mathwig/T. Meireis (Hg.). Demenz als Hölle im Kopf? Theologische, philosophische und ethische Perspektiven (S. 15–30). Zürich.
Singer, P. (1993): Practical Ethics (2. Aufl.). Cambridge.
Stuck, L. (2020): Seelsorge für Menschen mit Demenz. Stuttgart.
Swinton, J. (2012): Dementia. Living in the Memories of God. Grand Rapids.

Lukas Stuck, Dr. theol., ist reformierter Pfarrer und Studienleiter des Studiengangs Altersseelsorge in Heimen und Gemeinden (ASHG) der Aus- und Weiterbildung in Seelsorge, Spiritual Care und Pastoralpsychologie Schweiz (AWS) mit Sitz an der Universität Bern.

Nikolett Móricz

Seelsorge als Schule der Empathie — eine Begegnung in der Frauenklinik

Einleitung

Empathie gilt als einer der wichtigsten Einflussfaktoren in Beziehungen, insbesondere in gesundheitlichen Versorgungskontexten (Breyer/Janhsen 2021, S. 37–59). In der Praktischen Theologie wird Empathie zwar oft als wichtige Ressource erwähnt, bisher wurde das Phänomen jedoch nur sporadisch erforscht. Der folgende Beitrag richtet den Blick auf dieses Desiderat und fragt anhand eines konkreten Fallbeispiels in der Frauenklinik danach, wodurch Empathie sich in seelsorglichen Begegnungen im Vergleich mit alltäglichen Situationen auszeichnet. Im Umgang mit Empathiephänomenen benötigen Seelsorger*innen eine fundierte Kenntnis der humanwissenschaftlichen Theorien, um das Erfasste professionell reflektieren zu können (vgl. Noth/Kunz 2011). Hierbei orientieren wir uns im vorliegenden Text an der Psychotherapieforschung, die sich seit ihren Ursprüngen mit der Erfassung von Empathie beschäftigt (vgl. Rogers 1989, S. 75–94). Anknüpfend an diese Tendenz wird in der vorliegenden Fallbesprechung die Ansicht vertreten, dass die humanwissenschaftlichen Diskurse nicht nur das Empathieverständnis der Praktischen Theologie bereichern, sondern dass auch umgekehrt praktisch-theologische Überlegungen den Horizont der Empathieforschung erweitern können. Eine mögliche Brücke bildet hier das Resonanzkonzept von Hartmut Rosa (vgl. Rosa 2016). Im Schlussteil werden praktische Implikationen für Seelsorger*innen in Bezug auf ein reflektiertes Empathieverständnis abgeleitet.

Theologische Reflexion

Im Alltag entfaltet sich die *spontane Empathiefähigkeit* von Menschen als eine Art Resonanzphänomen: Es gibt eine Parallele zu Musikinstrumenten, deren Schwingungen in anderen Klangkörpern ähnliche Resonanzen hervorrufen. Nach Hartmut Rosa können die *vier Grundelemente* einer resonanzfähigen Begegnung folgendermaßen bezeichnet werden: Das erste ist das Moment der *Affizierung*: Eine Person wird von jemandem oder etwas berührt, es gibt einen Berührungspunkt, der auch eine Wirkung auslöst.

Zweitens ereignet sich Resonanz in Begegnungen, wenn die Berührung nicht in einem rein kausalen Sinne geschieht: Dann löst sie eine leiblich-emotionale oder kognitive *Antwort* in der affizierten Person aus. Diese Antwort kann in verschiedenen Sinnesmodalitäten verkörpert werden: Ein schneller Herzschlag, eine veränderte Körperhaltung oder das Aufleuchten der Augen können als sichtbare oder spürbare Anzeichen von Resonanz auftreten. Darüber hinaus erinnert sich die empathisierende Person an frühere und ähnliche Erfahrungen oder probiert, sich in die Situation des Gegenübers hineinzuversetzen und fragt sich betroffen, ob sie den aktuellen physischen und psychischen Zustand des*der anderen angemessen erfasst hat. Diese Antwort wirkt auf das Gegenüber zurück und kann als Moment der *Selbstwirksamkeit* erlebt werden: »Ich erreiche die andere Seite, ich habe einen Einfluss auf das Gegenüber« (Rosa 2016, S. 269 f.).

Das dritte Moment ist die *Transformation* oder *Verwandlung* beider Seiten: Wer Resonanz erfährt, bleibt nicht der- oder dieselbe. Resonanz ist jedoch keine identische Schwingung mit dem anderen, sondern unterscheidet sich von dem, worauf sie sich bezieht, in mehrfacher Hinsicht:

> »Sie ist zunächst in ihrer Intensität schwächer; sie tritt außerdem mit einer gewissen Verzögerung ein; und last but not least enthält sie Qualitäten, die nicht nur von dem Originalton bestimmt werden, sondern auch von den Eigenschaften des resonierenden Menschen« (Staemmler 2021, S. 20 f.).

Das vierte Moment verweist auf die *Unverfügbarkeit* oder *Unvorhersagbarkeit* von Resonanz: Wir können Resonanz instrumentell oder rein intentional nicht herstellen, und das Outcome eines resonanzfähigen Austausches ist zuerst unvorhersehbar (vgl. Rosa 2016, S. 295).

Der Ansatz von Hartmut Rosa hat eine hohe theologische Anschlussfähigkeit. Seine These lautet: Leben gelingt, wenn es in Resonanzbeziehungen gelebt werden kann. Hinzu kommt, dass sich Resonanz eben nicht nur zwischen menschlichen Subjekten ereignet. Ein solches Plädoyer trägt Verheißungscharakter und kann durchaus auch aus der Perspektive der Praktischen Theologie gedeutet werden. An dieser Stelle unterscheidet Rosa drei Achsen:

- *Horizontale Resonanzbeziehungen* können sich zwischen Menschen ereignen.
- *Diagonale Achsen* bilden die Verbundenheit mit Objekten oder mit Artefakten aller Art.
- *Vertikale Resonanz* kann entstehen, wenn Menschen mit etwas in Berührung kommen, was ihre Existenz als Ganzes umgreift, zum Beispiel die Natur, das Universum (vgl. Rosa 2016, S. 435).

In diesem Sinne besteht die Wirkmächtigkeit der Religion darin, dass sie über Praktiken (wie zum Beispiel Symbole, Lieder, biblische Texte) verfügt, die uns erfahren lassen, dass wir mit einer letzten Realität in Resonanzbeziehung stehen. Die existentielle Grundfrage lautet: Wie sind wir mit dem Universum verbunden? Solche Resonanzprozesse korrespondieren mit theologischem Denken. Wer sich auf die vertikalen Resonanzachsen einlässt, gibt in bestimmten Momenten vorübergehend zumindest einen Teil seiner Individualität auf und ordnet sich einer mit anderen geteilten Schicksalsgemeinschaft unter, was von vielen Menschen als tröstlich empfunden wird.

Humanwissenschaftliche Reflexion

Anknüpfend an diese phänomenologischen Überlegungen vertreten Resonanztheorien in der Psychologie die Ansicht, dass sich spontane Empathiefähigkeit vor allem in einem entsprechenden Resonanzraum ereignet: Es gibt eine Reihe von physischen und psychischen Bedingungen, die für einen empathischen Austausch notwendig sind. Die Grundlagen für den Erwerb der Empathiefähigkeit entstehen in den ersten Lebensjahren in der frühen Eltern-Kind-Beziehung, sofern die Empathiefähigkeit der Eltern für die Kinder zugänglich ist. Geringe Empathiefähigkeit kann auch in der späteren Sozialisation kompensiert werden, wenn prägende Beziehungen mit empathischen Personen (zum Beispiel Erzieher*innen, Psycholog*innen) eingegangen werden können (vgl. Teschmer 2014, S. 140–154). Zusammenfassend lässt sich sagen, dass die spontane Empathiefähigkeit uns den leiblich-emotionalen und kognitiven Zustand des Gegenübers zu erfassen ermöglicht, um die Beziehungen im eigenen Umfeld gestalten zu können.

Demgegenüber ist die *operationalisierte Empathiefähigkeit* in fürsorglichen Kontexten durch weitere Qualitäten und unter anderem durch diagnostische und therapeutische Zwecke geprägt. Dabei spielen die folgenden Ziele eine Rolle:
- die Gestaltung des therapeutischen Verhältnisses,
- die Einschätzung der psychischen Funktionen der Patient*innen,
- die Erfassung des mentalen und emotionalen Zustandes der Patient*innen,
- die Erschließung der (unbewussten) Zusammenhänge der Lebensgeschichte mithilfe von Imaginationsarbeit (vgl. Klöpper 2018, S. 277 f.).

Um diese Ziele zu erreichen, sind folgende Arbeitsschritte notwendig:
- empathische Wahrnehmung,
- anschließende emotionale Distanzierung,
- imaginative Identifizierung mit dem Erleben des Gegenübers,
- nachfolgende Reflexion des Erfassten.

Operationalisierte Empathiefähigkeit wirkt besonders förderlich in Situationen, in denen Patient*innen eine reduzierte Fähigkeit zur Wahrnehmung ihrer eigenen psychischen Vorgänge (Gedanken, Emotionen, Erinnerungen, Fantasien) haben. Solche Situationen bedürfen einer komplexen und kontinuierlichen Empathiefähigkeit des Gegenübers, sowie insbesondere der nonverbalen und verbalen Spiegelung des Wahrgenommenen. Die näheren Zusammenhänge der operationalisierten Empathiefähigkeit in seelsorglichen Kontexten werden anhand des folgenden Fallbeispiels skizzenhaft illustriert.

Fallbeispiel

Die Pflegefachpersonen der Frauenklinik in einem Universitätsspital sprechen die Seelsorgerin beim Rapport auf eine Patientin an, bei der Blutungen nach der 26. Schwangerschaftswoche aufgetreten sind. Frau M.[1] ist über 40 Jahre alt und kommt aus Osteuropa. Sie kann von Angehörigen nur in bestimmten zeitlichen Abständen besucht werden und ist in der meisten Zeit allein. Die Seelsorgerin klopft am Vormittag an die Tür und betritt das Zimmer. Sie bemerkt sofort, dass die Gardinen überall zugezogen sind, obwohl draußen die Sonne scheint. Die Patientin liegt im Bett, das Gesicht zur Wand gedreht, und scheint auf die Begrüßung zuerst gar nicht zu reagieren. Die Seelsorgerin schaut sie, ohne etwas zu sagen, mitfühlend an und setzt sich an ihr Bett. Sie bleibt ruhig sitzen, hält die Stille im Halbdunkeln aus, und nach einer Weile spricht sie die Patientin nochmals an. Jetzt wendet sich die Patientin ihr zu, ihre Tränen laufen. Die Seelsorgerin nickt: »*Ja, das ist wirklich schwierig.*« Nach der Etablierungsphase kommt das Gespräch zu folgendem Ablauf:

Frau M. *(diesmal im Bett sitzend):* Wissen Sie, ich bin über 40 und es ist meine erste Schwangerschaft. Es ist vielleicht die letzte Möglichkeit in meinem Leben, Mutter zu werden. Ich bin so niedergeschlagen ... Es gibt gute Zeiten, dann kommen wieder die schlechten Tage. Ich bin im Spital seit mehr als einem Monat und finde keine Ruhe. Diese Unruhe schadet auch dem Kind und das macht mich noch nervöser ...

Das Gespräch geht weiter und die Seelsorgerin spürt zuerst eine innere Leere und Anspannung in sich, und nach einer Weile bemerkt sie ihre eigene leicht gebeugte Körperhaltung. Zwar teilt sie den emotionalen Zustand von Frau M., gleichzeitig möchte sie ihr Getrenntsein von ihr wahren. Sie ruft sich einen eigenen Verstimmungszustand ins Gedächtnis, und dieses kurzfristige Erleben reicht aus, um im »Als-ob-Modus« nachzuspüren, um welche Emotionen es sich bei der Patientin handelt. Sie fühlt Angst und Ohnmacht in sich aufsteigen. Da sie selbst einen Kloß in ihrer Kehle hat, holt sie

---
1 Name geändert, Fall verfremdet.

bewusst tief Atem, dann führt sie das Gespräch mit ruhiger, ermutigender Stimme und geradem Rücken weiter:

S: Probieren wir nun eine gedankliche Reise zu machen. Wie ist es für Sie, wenn die schlechten Tage kommen? Fällt Ihnen ein Bild, ein Wort oder eine Erinnerung ein?
Frau M.: Ich fühle mich wie ein Stück Holz auf dem Meer. *(Sie denkt nach und schaut zum ersten Mal seit dem Besuch im Zimmer umher.)*

Die Seelsorgerin fragt sie, als was für eine Art Holz sie sich fühle.

Frau M. *(zeigt es mit den Händen):* Es ist alt und verwittert. Ein kleiner Ast. Er liegt schon viele Jahre im Meer. Darauf haben sich ein paar Muscheln eingenistet. Ab und zu kommt vielleicht ein Vögelchen, das Kraft schöpfen möchte.
S: Das hört sich friedlich an.
Frau M.: Ja, es ist schön ruhig.

Darauffolgend vertiefen sie sich in das Bild und besprechen die weiteren Einzelheiten der imaginativen Szene:

S: Und wie fühlt sich das Meer an?
Frau M.: Es ist riesig und endlos. Es ist gewaltig, menschenleer und grenzenlos. Manchmal stürmisch und unruhig …
S: An was denken Sie jetzt?
Frau M.: Wie ich ruhig werde …
S: Worauf können Sie zurückgreifen, um ruhig zu werden?
Frau M.: Ich war einmal mit Freundinnen an der Küste spazieren gegangen. Da waren so viele schöne und farbige Muscheln. Wir konnten uns nicht satt sehen. Wir haben einige ausgesucht – von den vielen. Wir haben viel gelacht. Das Geräusch des Meeres hat mir gut getan. Da war ich ganz ruhig.
S: Sie spazieren, schauen zu, hören die Geräusche, sammeln und bewahren schöne Erinnerungsmomente und lachen dazu. Da werden Sie ganz ruhig. Woher wird die Ruhe bei Ihnen kommen, wenn Sie nicht am Meer, sondern hier im Spital sind?

An diesem Punkt kommt Pflegepersonal herein und das Gespräch wird abgebrochen. Der kleine Ausschnitt zeigt aber gut, dass sich mit diesem »Als-ob-Spiel« eine Fantasiereise zu einem gewünschten Ziel antreten lässt. Mit dem anvisierten Ziel (Ruhe finden) öffnet sich eine von einschränkenden Faktoren befreite Welt, in der sich Selbstheilungskräfte entfalten können.

Die Seelsorgerin kann erst nach zwei Wochen wieder kommen. Diesmal ist der Raum von Sonnenlicht durchflutet. In der Mitte des Zimmers steht eine kleine Leinwand mit Bildmaterial darauf. Frau M. strahlt, sie hat heute die 28. Schwangerschaftswoche erreicht. Sie wendet sich wieder der Malerei zu, eine für sie einmal sehr wichtige Tätigkeit in der Freizeit, die sie aber seit längerer Zeit nicht mehr ausgeübt hat.

Frau M.: Die Schmerzen und die Ängste kommen und gehen, wenn ich aber zeichne oder male, dann werde ich ruhig …

Die Seelsorgerin fragt, woran sie aktuell arbeite.

Frau M.: Ich male Landschaften. Ich kann mich in die Arbeit ganz vertiefen. Manchmal vergesse ich einfach die Zeit. Die Zeit fließt einfach. Da ist es schwierig, Halt zu finden. Ich weiß nicht einmal das heutige Datum …

Die Seelsorgerin initiiert mit Frau M. das Entdecken kleiner *Rituale* für sich, die in den Tagesablauf eingebaut werden, um eine Struktur für den Wochenablauf finden zu können. Die Seelsorgerin weiß aus eigener Erfahrung, dass die jüdisch-christliche Tradition einen ganzen Schatz an Ritualen des kollektiven Mitgefühls entwickelt hat. Rituale schaffen Gemeinschaft und vernetzen Einzelne zu einem größeren Ganzen. Rituale spielen in der Klinikseelsorge eine wichtige Rolle, da sie für die Bewältigung von krisenhaften Lebenseinschnitten (»rites de passage«) besonders geeignet sind. Sie bringen mit ihren symbolischen Formen die Sinndimensionen von Kontingenzerfahrungen zum Ausdruck und sensibilisieren zugleich für weitere Freiheitsmomente, die in alltäglichen Handlungen nicht immer artikuliert werden können (vgl. Naurath 2000, S. 188 f.). Gleichzeitig ist der Seelsorgerin bewusst, dass Frau M. keine Affinität zu diesen religiösen Handlungen empfindet. Für Menschen, für die ihre eigene Individualität stärker im Vordergrund steht, ist es angemessener, ganz eigene Rituale zu entdecken. Bewegungs- und Entspannungsrituale (zum Beispiel Fantasiereisen) und Gliederungsrituale (Morgenseiten, die direkt nach dem Aufwachen begonnen und ohne Pause heruntergeschrieben werden; Dankbarkeitstagebuch; 5-Minuten-Journal) oder Kommunikationsrituale (wie zum Beispiel Erzählsteine) können eine Haltung von Selbstreflexion, Selbstfürsorge und Selbstmitgefühl fördern und Menschen helfen, ihre Emotionen, Gedanken und Fantasien auch in krisenhaften Situationen wahrnehmen zu können (vgl. Bents/Gschwendt/Mander 2020).

Selbstreflexion

Die Seelsorgerin hat zwar selbst eine christlich reflektierte Identität, sie fühlt sich aber keinesfalls nur im Hinblick auf Christ*innen sprachfähig. Sie möchte sich auf Pluralität und auf vielfältige Lebensbiografien einstellen und dabei empathisch reagieren. Sie empfindet es immer wieder als Herausforderung, den Wechsel zwischen Momenten intensiver Nähe, die die seelsorglichen Gespräche mit sich bringen, einerseits und die darauffolgenden Phasen der Distanzierung und der Reflexion andererseits in einer ausbalancierten Weise zu vollziehen. Empathische Begegnungen leben von einem dynamischen Wechselspiel von Resonanzen und Dissonanzen, die sich zunächst auf der leiblichen Ebene abspielen. Dieser dynamische Prozess führt konsequenterweise zu einem Perspektivenwechsel bei der Seelsorgerin, der die Situation des*der anderen ansatzweise erfahrbar werden lässt. Aus der Perspektive des Gegenübers heraus drängen sich eine Überprüfung und möglicherweise eine Korrektur persönlicher Einstellungen und seelsorglicher Haltungen auf.

Begründung der seelsorglichen Position

Humanwissenschaftliche Ansätze gehen vorrangig vom Veränderungspotenzial bei Menschen aus. Durch die jeweiligen Interventionen sollen Veränderungen in der Sichtweise oder der Problembewältigungsfähigkeit angestrebt werden. Der Umgang mit Emotionen soll oft neu oder wieder erlernt werden. Diese Ziele können in einem Seelsorgekonzept möglicherweise auch in den Blick genommen werden. Jedoch vertritt die Seelsorge im Gesundheitswesen eine eigene Perspektive, die nicht primär über Handlungen und Entscheidungen läuft, sondern über Präsenz und Begleitung. In diesem Sinne ermöglicht Seelsorge, Momente miteinander auszuhalten, wo zunächst keine Veränderung in Sicht ist. Es geht darum, Menschen in Krisensituationen beizustehen, ihnen Kommunikationsangebote zu eröffnen oder mit ihnen zu schweigen und die Erfahrungen existentiell zu deuten. Besonders in Fällen, in denen die Konfrontation mit der Kontingenz des Lebens die Frage nach der Transzendenz weckt, kann es ratsam sein, Rituale anzuwenden. Rituale können auf Symbole Bezug nehmen, die Halt und Orientierung geben. Zudem erschließen Symbole (zum Beispiel hier das Meer) nicht allein menschliche Selbsterkenntnis, sondern bekunden die Resonanzbeziehung mit einer letzten Realität. In einem seelsorglichen Gespräch können Symbole befragt und gedeutet werden, die Interpretation ist aber kein abschließbarer Prozess, sondern bleibt offen, Symbole behalten ihren Verweischarakter (vgl. Löhr 2020, S. 285–287). Sinnlich erfahrbare Symbole verweisen auf eine, in dem Moment nicht zugängliche, Wirklichkeit. »Nicht mehr« und »noch nicht« Anwesendes kann so vergegenwärtigt und das Transzendente im Immanenten symbolisiert werden (vgl. Tillich 1928/2008, S. 183–199).

Fazit

Mithilfe des Fallbeispiels wurde dargestellt, wie Empathisierungsprozesse in seelsorglichen Begegnungen stattfinden können. Sie nehmen einen eigenen prozesshaften Verlauf, ehe deren Erkenntnisgewinn in das seelsorgliche Setting eingebracht wird. Das Beispiel zeigt, wie weit sich Seelsorger*innen mithilfe ihrer Empathie auf die leiblich-emotionale und kognitiv-imaginative Welt der Patient*innen einlassen können. Die anschließende emotionale Distanzierung und Reflexion schützt sowohl Seelsorger*innen als auch Patient*innen vor einer Überflutung von negativen emotionalen Zuständen. Darauffolgend kann mithilfe einer »Als-ob-Imagination« die Vision eines wieder befreiten Lebens aufblitzen, die das Selbstmitgefühl von Patient*innen aktivieren kann. Die internalisierte Empathiefähigkeit kann Patient*innen helfen, einen besseren Zugang zu ihrer emotionalen Erlebniswelt zu finden. Schließlich wurde aufgezeigt, wie Seelsorgegespräche eine Anbindung an alte Erfahrungswerte und Rituale und damit Anteil an Symbolwelten ermöglichen können.

Literatur

Bents, H./Gschwendt, M./Mander, J. (2020): Achtsamkeit und Selbstmitgefühl: Anwendungen in der psychotherapeutischen Praxis. Berlin/Heidelberg.
Breyer, T./Janhsen, A. (2021): Empathie als Desiderat in der Gesundheitsversorgung – Normativer Anspruch oder professionelle Kompetenz? In: C. Richter (Hg.). An den Grenzen des Messbaren. Die Kraft von Religion und Spiritualität in Lebenskrisen (S. 37–59). Stuttgart.
Klöpper, M. (2018): Empathie. In: G. Gödde/J. Zirfas (Hg.). Kritische Lebenskunst. Analysen – Orientierungen – Strategien (S. 276–284). Stuttgart.
Löhr, M. (2020): Rituale von Zwang bis Segen. Zwangsstörungen in seelsorglicher Perspektive. Berlin.
Naurath, E. (2000): Seelsorge als Leibsorge. Perspektiven einer leiborientierten Krankenhausseelsorge. Stuttgart.
Noth, I./Kunz, R. (Hg.) (2011): Nachdenkliche Seelsorge – seelsorgliches Nachdenken. FS für Christoph Morgenthaler zum 65. Geburtstag. Göttingen.
Rogers, C. R. (1989): Empathie – eine unterschätzte Seinsweise. In: C. R. Rogers/R. L. Rosenberg (Hg.). Die Person als Mittelpunkt der Wirklichkeit (S. 75–94). Stuttgart.
Rosa, H. (2016): Resonanz. Eine Soziologie der Weltbeziehung. Berlin.
Staemmler, F.-M. (2021): Resonanz und Mitgefühl: Wie Trost gelingt. Stuttgart.
Teschmer, C. (2014): Mitgefühl als Weg zur Werte-Bildung. Elementarpädagogische Forschung zur Beziehungsfähigkeit als emotional-soziale Kompetenzentwicklung im Kontext religiöser Bildungsprozesse. Osnabrück/Göttingen.
Tillich, P. (1928/2008): Das religiöse Symbol. In: C. Danz/W. Schüßler/E. Sturm (Hg.). Paul Tillich. Ausgewählte Texte (S. 183–199). Berlin/New York.

Nikolett Móricz, Dr. phil., Dipl. Psych./Theol., CAS SPKS, ist Wissenschaftliche Assistentin und Postdoktorandin an der Abt. Seelsorge, Religionspsychologie und Religionspädagogik am Institut für Praktische Theologie an der Universität Bern.

Wolfgang Reuter
»... dann nehme ich mir das Leben ...« — Zwischen Todeswunsch und Lebensperspektive: Herausforderungen in der Psychiatrie-Seelsorge

Im sozial-psychiatrischen Feld, speziell im psychiatrischen Krankenhaus, sind Seelsorger*innen mit allen Varianten psychiatrischen Krankseins konfrontiert. Hierzu zählt auch die immer wieder neue Konfrontation mit Suizidalität. Als eine von vielen »Grundmöglichkeiten des menschlichen Verhaltens« (Wolfersdorf/Purucker 2018, S. 356) manifestiert Suizidalität sich gerade im Kontext psychiatrischer Erkrankungen auf immer neue Weisen. Ihre Vielfalt und ihr Wandel in der Erscheinungsform (Wolfersdorf/Purucker 2018, S. 360) stellen eine große Herausforderung dar, auch für die Seelsorge. Was angesichts von Suizidalität in der Seelsorge so alles passiert, werde ich anhand einer seelsorglichen Begleitung fragmentarisch darstellen.

Seelsorge – Ein Ereignis mit personalen und systemischen Dimensionen

Mit Herrn N. N. verbindet mich eine lange und intensive seelsorgliche Beziehung. Ich lernte ihn an einem Sonntag nach dem Gottesdienst in der Klinikkirche kennen. Am vorangegangenen Freitag hatte ich erstmals von ihm gehört. Zwei seiner kirchlichen Dienstvorgesetzten riefen an und baten mich um einen Besuch bei ihm. Beide teilten mir mit, dass er wohl schon lange unter einer schweren Depression leide und immer wieder Suizidabsichten habe. Aus diesem Grund sei er nun in der Klinik auf einer geschlossenen Station aufgenommen worden. Für mich war klar, dass ich gleich am folgenden Montag einen Besuch bei Herrn N. N. machen würde. Doch bereits vor unserer ersten Begegnung hatte sich ein komplexes und multikontextuelles Beziehungssystem mit dem für mich (zunächst noch) Unbekannten aktiviert. Für Seelsorgebeziehungen ist dies paradigmatisch. In der Krankenhaus- wie auch in der Psychiatrieseelsorge gestalten sich seelsorgliche Beziehungen auf den ersten Blick vorrangig in der Gestalt der klassischen Zweierbeziehung. Patient*innen und Seelsorger*innen treten persönlich miteinander in Kontakt. Genau dies wird seitens der Vermittler, die mich auf Herrn N. N. aufmerksam machten, erwartet. Hier wird nun jedoch offenkundig, dass sich seelsorgliche Begegnungen nicht allein in dyadischer Struktur, sondern immer auch in systemischen Kontexten ereignen. Noch vor dem ersten persönlichen Kontakt zwischen Herrn N. N. und mir als Seelsorger entfalten verschiedene systemische Faktoren ihre Wirksamkeit. Es ist keine Frage, dass sich solche systemischen Komponenten auf die Seelsorgepraxis auswirken (vgl. Morgenthaler 2002).

In Kontexten und Systemen: Kirche – Klinik – Familie

Mit den beiden Dienstvorgesetzten von Herrn N. N., seinem Pfarrer vor Ort und seinem Personalchef aus der Diözese, ist der institutionelle Kontext der Katholischen Kirche seines Bistums präsent. Hierdurch entsteht eine spezielle Konstellation, da ja auch ich mit meinem Seelsorgeauftrag in diesem Klinikum nicht nur dessen Mitarbeiter, sondern eben auch ein Mitarbeiter der Kirche bin. Herr N. N., die beiden Vermittler und ich sind, was unsere Rollen, Funktionen und die daraus resultierenden Abhängigkeiten (Anstellung, Bezahlung, Beauftragung, Weisungsrecht etc.) angeht, alle im gleichen System miteinander verbunden. Neben dieser institutionellen Dimension darf die personale Dimension der Beziehungen von Herrn N. N. zu Menschen aus seiner Gemeinde hier nicht unbeachtet bleiben.

Eine andere Verknüpfung wird durch die Erwähnung der geschlossenen Aufnahmestation offenkundig. Dadurch ist sofort das komplexe System einer psychiatrischen Klinik als Universitätsklinik mit all ihren Subsystemen präsent. Die Erwähnung der Station löste sofort Assoziationen bei mir aus. Hier sind Mitarbeiter*innen verschiedener Berufsgruppen, Herr N. N. und die Mitpatient*innen, Besucher*innen und auch ich als Seelsorger in unterschiedlichen Rollen,

Funktionen und Zuständigkeiten miteinander in Beziehung. Hieraus erwachsen gegenseitige Erwartungen, bewusste wie auch unbewusste.

Spätestens seit der ersten Begegnung mit Herrn N. N. selbst, zu der auch seine Partnerin erschien, war auch das Familiensystem des Patienten mit im Spiel. Schon zuvor, im Moment der Vermittlung, hatte ich mich gefragt, ob Herr N. N. wohl verheiratet sei und wer alles zu seiner Familie gehöre. Seine Partnerin und weitere Angehörige, wie auch nahestehende Personen aus dem engeren Freundeskreis, bestimmen den Kontext und die systemischen Rahmenbedingungen unserer wachsenden seelsorglichen Beziehung von Anfang an mit, und dies bereits vor der ersten persönlichen Begegnung. Als Fazit halte ich fest: Schon ganz am Beginn der Seelsorgebegegnung mit Herrn N. N. und sogar noch vor unserem ersten persönlichen Kontakt hatten sich komplexe und multiperspektivische Dimensionen der Beziehung zwischen mehreren Personen und unterschiedlichen Systemen aufgetan. Dies ist paradigmatisch für die Seelsorge und wirkt sich, bewusst wie auch unbewusst, auf die Seelsorgebegegnung selbst aus. So wuchs in mir neben der Sorge um Herrn N. N. ein komplexes Gefühl von Loyalitätspflichten gegenüber den realen wie auch gegenüber den von mir fantasierten Erwartungen aller dieser Systeme heran. Schnell wurde mir die Gefahr bewusst, im Strudel solch vermeintlicher Loyalitätsverpflichtungen Herrn N. N. und mich selbst, also die handelnden Subjekte, aus dem Blick zu verlieren.

»... dann nehme ich mir das Leben ...« – Zwischen Todeswunsch und Lebensperspektive

Es ist charakteristisch und zugleich paradigmatisch für unsere seelsorgliche Beziehung, dass Herr N. N. sich trotz seiner schweren Depression, die mit krassen Suizidwünschen und mehreren -versuchen einherging, von Beginn an als handelndes Subjekt in eigener Sache präsentierte. Dies zeigte sich gleich in unserer ersten Begegnung. Sie fand nicht, wie von mir geplant, am Montag in der Aufnahmestation statt, sondern auf seine Initiative hin schon am Sonntag in der Klinikkirche. Er kam, von seiner Partnerin begleitet, zum Gottesdienst, stellte sich mir vor und fragte, ob ich im Anschluss noch Zeit für ein Gespräch mit ihm hätte. Wir führten dieses Gespräch dann zu zweit. Es ist mir als Auftakt zu einer intensiven, sehr persönlichen und in vielen Phasen spirituellen, seelsorglichen Begleitung bis heute präsent. Ich weiß mich zu erinnern, dass es damals neben einer persönlichen Annäherung bereits – wenn auch seinerseits noch verschlüsselt – um die Frage nach seinem Leben und seinem Tod ging. Gleich bei erster Gelegenheit machte Herr N. N. seine Ambivalenzen zwischen Todeswunsch und Lebensperspektive zu unserem gemeinsamen Thema. In der Präsentation wie auch in der Zumutung seines Themas »*Ich nehme mir das Leben*« zeigte er sich mir gegenüber in der Spannung zwischen der Vernichtung und der Aufrichtung seiner Person. Als Metapher kann dieser Satz natürlich lebenszerstörende Wünsche zum Ausdruck bringen. Im Gegensatz hierzu kann er aber auch konstruktiv als (neue) Selbstermächtigung zum Leben verstanden werden. Zwischen diesen beiden Polen entwickelte sich unsere seelsorgliche Beziehung. Sie changierte zwischen immer wiederkehrenden Impulsen und Handlungen zur Selbstvernichtung und konstruktiven Momenten der Aufrichtung. Für beides stand sein Satz »*Ich nehme mir das Leben*«. Im Verlauf der Begleitung trat mehr und mehr zu Tage, dass Herr N. N. sich in beiden Haltungen als das handelnde Subjekt fühlte. Es wurde ihm und mir bewusst, dass niemand anderer als er selbst entscheiden konnte, in welche Richtung dieser Satz für ihn gelten solle. Im gleichen Maße, wie ihm ein neues Zutrauen zu sich selbst als handelndes Subjekt in seinem Leben zuwuchs, forderte er von mir, ihm ebenfalls als Subjekt zur Verfügung zu stehen. So entwickelten sich unsere seelsorglichen Begegnungen zu einem Prozess der Stärkung des persönlichen Subjektstatus und des darauf fußenden Wiederaufbaus von Lebensperspektiven. Dabei wurde ich ihm in besonderer Weise als Seelsorger und Theologe, also als Repräsentant unseres gemeinsamen christlichen Deutehorizontes wichtig, wiewohl auch Deuteangebote aus dem psychoanalytischen als auch aus dem psychiatrischen Kontext im weiteren Verlauf der Begleitung Thema wurden.

Seelsorge theologisch reflektiert

Mit der Ankündigung, sich das Leben zu nehmen, eröffnet Herr N. N., der selber auch Theologe und Seelsorger ist, eines von vielen großen theologischen Themen. Gleich von Beginn an wurde mir klar, dass es in dieser Begleitung nicht allein darum gehen könne, im klassischen theologischen Zusammenhang die Frage nach der Selbsttötung und ihrer ethischen Bewertung aufzuwerfen oder die Frage nach der Freiheit des Menschen neu zu thematisieren. Im besonderen Kontext psychiatrischen Krankseins ist mit der finalen Absicht, sich das Leben zu nehmen, eine existentielle Grundfrage aufgeworfen. Diese zu bewerten darf nicht das Ziel des Seelsorgers sein. Seine Aufgabe ist es vielmehr, sich in und trotz aller trostlosen Aussichtslosigkeit an die Seite des lebensmüden Menschen zu stellen und allein durch seine Anwesenheit Trost zu vermitteln und stellvertretend Hoffnung zum Ausdruck zu bringen (vgl. Scheuchenpflug 2005).

Natürlich muss jede*r Seelsorger*in als Theolog*in zu den Fragen nach Leben und Tod eine eigene Position haben, um diese dann in seinem*ihrem Handlungsfeld kommunikativ und kooperativ zu vermitteln. Als Handlungs- und Leitmotiv dient dazu ein praktisch-theologisch fundiertes Konzept, auf dessen Grundlage Seelsorger*innen ihre Ziele definieren und sich in ihrem Handeln leiten lassen (vgl. Nauer 2001). In unserem Zusammenhang setzt dies voraus, sich des eigenen Gottes- und Menschenbildes sowie der daraus resultierenden Dimensionen der Beziehungen zwischen Menschen und Gott zu vergewissern (Reuter 2012, S. 272–274). Daraus lässt sich dann als Praxismodell ein Konzept heilsam-relationaler Seelsorge entwickeln (vgl. Reuter 2004). Auf dieser Grundlage kann Seelsorge zwischen den leidvollen Erfahrungen des Krankseins und den heilsamen Angeboten aus dem christlichen Deutehorizont vermitteln (vgl. Reuter 2012, S. 23). Hier liegt das Spezielle und Eigene der Seelsorge im multiprofessionellen Raum eines psychiatrischen Krankenhauses begründet: Im Rückgriff auf die biblische Ur-Kunde, auf qualifizierte Seelsorgeausbildung und auf ihre Kompetenzen im Raum ritueller Erfahrung aktiviert sie ihre heilsamen und relationalen Dimensionen (vgl. Reuter 1998, S. 13–23; vgl. Odenthal 2019). Ich folge in meiner Praxis einem Konzept heilsam-relationaler Seelsorge, auf dessen relationaler Grundlage ich das Leben des Menschen als ein Sein in Entwicklung und in Beziehung verstehe (vgl. Reuter 2017, S. 95–103). Der Wunsch von Herrn N. N., nicht mehr leben zu wollen, resultiert nach meinem Dafürhalten aus einer Störung genau dieser Grunddynamik des Lebens, welche durch das Durchleiden einer Depression von Krankheitswert noch erschwert wird. Eine einfache Konfrontation mit der neutestamentlichen Verheißung eines Lebens in Fülle (Joh 10,10) wäre appellativ und würde an dieser Stelle genauso zu kurz greifen, wie die vorschnelle Definition suizidalen Handelns als Sünde. Um der seelsorglichen Herausforderung angesichts der suizidalen Absichten des Herrn N. N. nun aber gerecht zu werden, bedarf es neben theologischer Reflexion und Vergewisserung auch der humanwissenschaftlich fundierten Reflexion über das weite Feld dieses Wunsches.

Seelsorge humanwissenschaftlich reflektiert

Konzeptgeleitete Seelsorge ist Praxis in multiperspektivischer Offenheit. Wie die Praktische Theologie ist die Seelsorge ohne interdisziplinären Diskurs mit den angrenzenden nicht-theologischen Wissenschaften und Disziplinen nicht denkbar, ja, dieser Diskurs ist unverzichtbar. Hier wird offenkundig, welche Bilder vom Menschen, von Gesundheit und Krankheit, von Entwicklung und Beziehung wie auch vom Leben und Sterben in den im Kontext der Psychiatrie verwurzelten Wissenschaften vorherrschen und wie sie psychiatrische oder pflegerische Praxis inspirieren. Für die Seelsorge sind solche theologie-externen Theorieelemente in gleicher Weise konzeptionell relevant wie die theologischen Deutehorizonte. Seelsorger*innen müssen die Deutehorizonte der angrenzenden Wissenschaften nicht teilen, aber sie müssen um sie und um ihre Grundlegung wissen. Genauso müssen sie ihre eigenen Konzepte und deren Grundlagen im kollegialen Diskurs vermitteln, um sich im multiprofessionellen Feld der Psychiatrie als ernst zu nehmende Partner*innen behaupten zu können. Nur auf dieser Grundlage ist es möglich, beispielsweise in einer ethischen Fallbesprechung oder in einer Kasuistik im Stationsteam zur Frage der Suizidalität eines Patienten selbst Substantielles beizutragen. Im Fall des Herrn N. N. muss der Seelsorger sowohl sein eigenes Konzept von Leben, Entwicklung, Beziehung und Sterben einbringen, als auch die Konzepte der vielen Berufsgruppen einer psychiatrischen Station in Hinblick auf Krankheit, Behandlung, Pflege, Heilung und Gesundheit kennen. Von Herrn N. N. in die Spannung zwischen Todeswunsch und Lebensperspektive hingezogen, erscheint es mir besonders wichtig, um das Zusammenspiel von schwerer Depression und Suizidalität zu wissen. Nur mit Grundkenntnissen hierzu ist es dem Seelsorger möglich, die Praxis anderer Berufe wie auch die eigene Praxis kritisch zu hinterfragen. Die humanwissenschaftliche Reflexion des Phänomens Suizids verortet sich nicht nur im Kontext eines psychiatrischen Krankenhauses. Das sozialpsychiatrische Netz bietet daneben noch viele andere Räume des Austausches, in denen die Seelsorge sich einbringen und orientieren kann. Psychosoziale Arbeitsgemeinschaften auf kommunaler Ebene, sozialpsychiatrische Zentren, Mitarbeit in Forschungsgruppen oder Präsenz in Akademien und universitärem Kontext. Im Fall des Herrn N. N. war mir die Vernetzung mit verschiedenen Gruppen und Initiativen hilfreich: Mit der Düsseldorfer Gruppe des bundesweit aufgestellten Bündnisses gegen Depression, mit der »Deutschen Gesellschaft für Suizidprävention« (DGS), dem »Nationalen Suizid Präventionsprogramm« (NaSPro) und seinen assoziierten Mitgliedergruppen vor Ort. In Düsseldorf ist das die »Initiative Tabu Suizid e. V.«, mit der wir seitens der Seelsorge eine mehr als 10-jährige gute Zusammenarbeit praktizieren.

Die humanwissenschaftliche Reflexion der Seelsorgebegegnung mit Herrn N. N. erschöpft sich nun allerdings nicht nur in Hinblick auf das sozialpsychiatrische Netz und den dort vorherrschenden psychiatrischen Deutehorizont. Meinem relationalen Seelsorgeverständnis liegen, neben seiner theologischen Begründung, Erkenntnisse der neueren, relationalen Psychoanalyse zu Grunde. In Hinblick auf den Subjektstatus aller Beteiligten wurde dies oben schon angedeutet. Für Herrn N. N. war es nach seinen eigenen Aussagen im Rückblick ein wesentlicher Faktor, sich »*in unserer Beziehung wieder als Subjekt eingesetzt zu sehen*«. Dies machte es ihm möglich, den Satz »*Ich nehme mir das Leben*« von der lebenszerstörerischen zur lebensförderlichen Perspektive umzuwandeln.

Seelsorge als persönliche Herausforderung

Von anderen Menschen in die Dynamik zwischen Todeswunsch und Lebensperspektive mit hineingenommen, benötigt der Seelsorger gerade in diesem existentiell so hoch bedeutsamen Handlungsfeld theologisch-anthropologische Grundkenntnisse, ein praktisch-theologisch fundiertes Konzept sowie Raum zur kritischen Selbstreflexion seines Handelns in kollegialer und professioneller Supervision. Hier werden die Handlungsmotive wie Schutz- und Rettungsimpulse, die Gestaltung von Nähe und Distanz, die Möglichkeit der Übergriffigkeit und Grenzverletzung sowie die Gefahr, Hilfeleistung zu unterlassen, thematisiert und bearbeitet. Hier ist der für professionelle Seelsorge unverzichtbare Raum für die Wahrnehmung der eigenen Person, der unbewussten Konflikte, die sich als Loyalitätskonflikte in komplexen Systemen zeigen. Supervision ist der Raum des Austauschs über die eigene Befindlichkeit angesichts der Thematik des Suizids, nicht zuletzt ein geeigneter Ort zur Vergewisserung über theologische Optionen.

Seelsorge als Gestalt Praktischer Theologie

In der Praktischen Theologie herrscht ein Konsens darüber, dass Seelsorge und Theologie nicht anders als plural zu haben sind. Seelsorge können wir demnach als Konkretion praktisch-theologischer Theoriebildung in konkreten Handlungsfeldern verstehen. Gleichzeitig inspiriert die Seelsorge ihrerseits die Bildung von Theorie. Seelsorge und Theologie stehen in einem relationalen Verhältnis zueinander (vgl. Reuter 2012, S. 29 f.). Die praktisch-theologische und damit interdisziplinäre Fundierung ist Voraussetzung und Bezugsrahmen seelsorglichen Handelns. Die in den Seelsorgebegegnungen mit Herrn N. N. zu Tage getretenen Themen stellen alle Beteiligten in diesen Bezugsrahmen hinein. In den Seelsorgebegegnungen mit ihm haben sich kontextuelle und systemische Zusammenhänge der Seelsorge, sein Lebensthema der Wiederaneignung des Subjektstatus (*»Dann nehme ich mir das Leben«*) sowie das praktisch-theologische Postulat des Rückgriffs auf relationale und heilsame Konzeptvarianten als handlungsleitend herausgestellt. Im Rückgriff und in der Zusammenschau auf konkrete menschliche Leidenserfahrungen wie bei Herrn N. N., auf die christliche Überlieferung und die relevanten Human- und Sozialwissenschaften wird Seelsorge als Praktische Theologie zu einem Prozess der Begegnung und Begleitung.

Hier handeln alle Beteiligten auf Augenhöhe und als Subjekt ihres Lebens miteinander. Ob und inwieweit seelsorgliche Begegnungen gelungen sind, wird aus diesem Grunde niemals allein der Seelsorger festlegen können. Dem relationalen Ansatz entsprechend, wird dies immer die Sache aller Beteiligten sein. Herr N. N. spricht hierbei ein wichtiges Wort mit. Was aus ihm geworden ist? Bis heute »*nimmt er sich täglich das Leben*«, dies jedoch im konstruktiven Sinne: Er genießt es, trotz reichlich vorhandener Konfliktpunkte, in großer Zufriedenheit im Kreis seiner Familie und im Kontext seiner neuen beruflichen Tätigkeit.

Literatur

Morgenthaler, Ch. (2002): Systemische Seelsorge. Impulse der Familien- und Systemtherapie für die kirchliche Praxis (3. Aufl.). Stuttgart.
Nauer, D. (2001): Seelsorgekonzepte im Widerstreit. Ein Kompendium. Stuttgart.
Odenthal, A. (2019): Rituelle Erfahrung. Praktisch-theologische Konturen des christlichen Gottesdienstes. Stuttgart.
Reuter, W. (1998): »Welche Therapie können Sie denn, Herr Pfarrer?« – Über die unbewußte Tendenz zur »Kastration« der Seelsorge. In: T. Zeit/E. Klieser (Hg.). Seelsorge als Therapie. Therapie als Seelsorge (S. 13–23). Gelsenkirchen.
Reuter, W. (2004): Heilsame Seelsorge. Ein psychoanalytisch orientierter Ansatz von Seelsorge mit psychisch Kranken. Münster.
Reuter, W. (2012): Relationale Seelsorge. Psychoanalytische, kulturtheoretische und theologische Grundlegung. Stuttgart.
Reuter, W. (2017): In Entwicklung und in Beziehung. Pastoralpsychologische Impulse zum Prozess und zur Dynamik des Alter(n)s. In: S. Sailer-Pfister/ I. Proft/H. Brandenburg/R. Kardinal Marx (Hg.). Was heißt schon alt? Theologische, ethische und pflegewissenschaftliche Perspektiven (S. 95–103). Ostfildern.
Scheuchenpflug, P. (2005): Tröstende Seelsorge. Chancen und Herausforderungen für christliches Handeln in der pluralen Welt. Würzburg.
Wolfersdorf, M./Purucker, M. (2018): Suizidalität. In: J. Sautermeister/T. Skuban (Hg.). Handbuch psychiatrisches Grundwissen für die Seelsorge (S. 356–374). Freiburg.

Wolfgang Reuter, Dr. theol. habil., ist Psychoanalytiker, Privatdozent für Pastoraltheologie an der Katholisch-Theologischen Fakultät der Rheinischen Friedrich-Wilhelms-Universität Bonn und Leiter der Psychiatrieseelsorge am LVR-Klinikum Düsseldorf.

Eva-Maria Faber

Religiös verankert den Menschen zugewandt — eine Reaktion auf die Praxisbeispiele in systematisch-theologischer Sicht

Die meisten der hier vorgelegten Beiträge integrieren in den Titel ein Zitat jener Menschen, die in seelsorglichen Begegnungen begleitet wurden. Obwohl es dazu redaktionell keine Absprache gab, ist diese Gestalt der Überschriften keineswegs zufällig. Im Mittelpunkt von Seelsorgebegegnungen stehen nicht die hier schreibenden Seelsorgenden, sondern die Personen, die ihnen anvertraut sind – je besondere Menschen in je besonderen Situationen mit ihrer Art, sich zu artikulieren.

Als Konsequenz kann auch eine systematisch-theologische Reflexion der vorgelegten Fallbeschreibungen nicht beabsichtigen, Seelsorgebegegnungen auf ein theoretisches System zurückzuführen. Ziel einer Zusammenschau kann es nur sein, gemeinsame Herausforderungen der je besonderen Konstellationen hervorzuheben.

Seelsorge: eine Profession mit unbestimmtem Fokus

Gut leben – in verschiedenen Formulierungen ist dies eine zentrale Sehnsucht von Menschen. Schwer zu benennen ist jedoch, was dies genau bedeutet. Je nach Situation können Antwortversuche unterschiedlich ausfallen. Dies gilt selbst für den stark von medizinischer Forschung geprägten Bereich von Krankheit und Gesundheit, der hier vorerst exemplarisch stehen kann (zumal er Hintergrund mehrerer Fallbeispiele ist). »Vor allem Gesundheit«, mit diesem Zusatz verbinden sich häufig gute Wünsche zum neuen Jahr oder zu Geburtstagen. Was alltäglich derart evident erscheint, ist es bei näherem Hinsehen keineswegs. Definitionen von Gesundheit legen je nach wissenschaftlicher oder kultureller Perspektive unterschiedliche Akzente. Erst recht variieren subjektive und situative Einschätzungen dahingehend, was jeweils als »gesund« erfahren wird. Vor allem aber macht sich gerade in Krankheitssituationen bemerkbar, dass es neben der Gesundheit andere existentielle Anliegen gibt, die sich noch weniger allgemein definieren lassen.

Diese Einsicht stößt auf die Sinnrichtung des seelsorglichen Auftrags. Sie kann paradoxerweise als weitgehende Unbestimmtheit hinsichtlich des inhaltlichen Fokus benannt werden. Seelsorge ist gewissermaßen eine Disziplin, die nicht schon von sich her inhaltlich definiert, welchen Aspekten der Lebenswirklichkeit sie sich zuwendet (Honegger). Sie hat eine vornehmlich formal zu beschreibende Ausrichtung: Sie wendet sich dem zu, was Menschen am Grund ihres Lebens und Atmens und Seufzens (»Seele« genannt) als primäre Herausforderung oder Sehnsucht empfinden. Naturgemäß ist dies nicht allgemein und von vornherein bestimmbar. Es gilt, Ausschau danach zu halten, was Menschen in einer konkreten, womöglich prekären Lebenssituation hilfreich ist. Zwar sind Seelsorgende selbst in einem Glauben verwurzelt, der das Menschsein von einer göttlichen Gabe und Präsenz her deutet. Dieser Horizont bestimmt jedoch nicht den primären Fokus der Seelsorgebegegnung.

Die inhaltliche Unbestimmtheit dessen, worum Seelsorgebegegnungen kreisen, ist insbesondere für jene Konstellationen zu unterstreichen, die der hier vorliegende Band beleuchtet. Denn wenngleich sich Menschen aufgrund von meist recht klar definierbaren Befunden in Institutionen wie Spitälern, Heimen oder Gefängnissen befinden, ist damit noch keineswegs erkennbar, welche Bedürfnisse sich in Seelsorgebegegnungen zeigen. Häufig ist es nicht der innerhalb dieser Institution relevante Befund, sondern zum Beispiel die Bewältigung der plötzlichen Verortung außerhalb des eigenen Alltags. In vielen Fallbeschreibungen wird deutlich, wie in prekären Situationen biografische Vorgeschichten und bedrängende Prägungen zu Bewusstsein kommen, die mit der gegenwärtigen Krise nur indirekt zu tun haben, sich aber nun weniger gut verdrängen lassen. Dabei melden sich nicht selten auch sozial konfliktbeladene Konstellationen, in denen die Versöhnung mit sich selbst und anderen ausgeblieben war (Stüfen). Wie Noemi Honegger erkennen lässt, kann der Wert seelsorglicher Begleitung im Umfeld von dramatischen Lebensumbrüchen auch ganz einfach in einer »Vertrauen und Sicherheit schaffenden Präsenz« liegen.

Gerade in institutionellen Systemen wie Spital oder Gefängnis, die einen »Ausschnitt« des Menschen – seine Krankheit oder seine Tätergeschichte – in den Vordergrund stellen, ist von Bedeutung, dass in der Seelsorge andere Aspekte der Persönlichkeit zur Sprache kommen, die innerhalb dieses Systems sonst keinen Ort haben. Gegenläufig zur institutionellen Situation ist es zudem Sehnsucht der betroffenen Menschen, sich nicht nur als Adressat*in einer Behandlung vorzufinden, sondern sich als Subjekt zu erfahren. Die seelsorgliche Begegnung kann in diesem Sinne »Rückzugsräume« schaffen, in denen Menschen mitten in einer völlig veränderten und nach fremden Regeln organisierten Lebenssituation ihr vertrautes Selbst aktualisieren können (Honegger).

Wenn Seelsorge somit offen zu ergründen sucht, in welcher Hinsicht sie Menschen hilfreich unterstützen kann, bewegt sie sich in den Spuren Jesu, der in der Begegnung mit Menschen deren Sehnsucht erfragt: »Was willst du, dass ich dir tun soll?« (Mk 10,51). Dass Bartimäus als blinder Mann vor Jesus steht, gibt noch nicht genügend Anhaltspunkte dafür, dass fraglos die Sehkraft das Erbetene ist. Die ignatianische Spiritualität knüpft bei der Sehnsucht an, wenn sie in den Exerzitien das »Bitten, was ich begehre« geradezu zum Refrain macht. In diesem Sinne will seelsorgliche Praxis Menschen dazu befähigen und ermächtigen, auf die Spur des von ihnen Ersehnten zu gelangen.

Seelsorge in interprofessioneller Einbindung

Die Offenheit für sehr unterschiedliche Facetten menschlicher Bedürftigkeit gibt der Seelsorge in institutionellen Systemen eine spezielle Verortung. Auch anderen Akteur*innen solcher Institutionen ist ja bewusst, dass Menschen nicht auf den institutionell virulenten Befund reduzierbar sind. Angesichts der begrenzten (Zeit-)Ressourcen ist es entlastend für das andere Personal, dass Seelsorgende sich in dieser Institution den Menschen in jenen Belangen zuwenden, die für sie gerade akut sind. So ergibt sich für die Seelsorge die Möglichkeit einer sinnvollen institutionellen Einbindung, wie sie viele der vorgelegten Fallbeschreibungen eigens thematisieren und begrüßen. Davon können alle Seiten nur profitieren.

Die Seelsorge ist in institutionellen Kontexten wie Spital, Gefängnis oder Altersheim (zu ergänzen wären andere Institutionen) ihrerseits auf die Kooperation mit anderen Akteuren und Akteurinnen dieser Institutionen angewiesen. Dies beginnt damit, dass in mehreren Fallbeschreibungen das auslösende Moment der Seelsorgebegegnung bei anderen Professionen liegt. Doch auch abgesehen von dieser türöffnenden Rolle lassen die Beschreibungen erkennen, wie wichtig eine institutionelle Einbindung ist. Seelsorgepersonen sind nicht selten angewiesen auf Informationen zur Sachlage und können durch ihr Vertrautsein mit institutionellen Abläufen möglicherweise Situationen beruhigen, wenn Menschen mit dem Kontext nicht zurechtkommen.

Nicht zu vernachlässigen ist, dass die Seelsorge zwar einen nicht von vornherein festgelegten inhaltlichen Fokus hat, deswegen aber trotzdem nicht universal für alle Belange zuständig ist. Zur professionellen Seelsorge gehört es auch, ihre eigenen Grenzen im Verhältnis zu anderen Disziplinen wie Medizin, Psychologie oder Sozialdienst zu kennen und in den Schnittfeldern interprofessionell zu agieren. Dies ist fachkundiger Seelsorge insofern konstitutiv eingeschrieben, als sie ja ohnehin für ihr eigenes Handeln auf humanwissenschaftliche Kenntnisse angewiesen ist. Dies gilt, wie im Beitrag von Helga Kohler-Spiegel deutlich wird, für traumasensible Seelsorge ebenso wie für die Aufgabe, die besonderen Bedürfnisse von Menschen in bestimmten Krankheitsverläufen (zum Beispiel bei Demenz; vgl. Stuck) erkennen zu können. Dass Seelsorgende hier Grundkenntnisse haben müssen, besagt nicht, dass sie die Kompetenz hätten, die Interventionen anderer Disziplinen zu ersetzen, sondern im Gegenteil, um Mitverantwortung für die komplementären Interventionen anderer Disziplinen zu übernehmen (Gärtner/Kohler-Spiegel).

Das interprofessionelle Setting lässt sich somit als Einbindung mit souveränem Eigenprofil beschreiben. Durch die Einbindung verliert die Seelsorge keineswegs ihren spezifischen Zugang. Zudem wird sie konstruktiv mit den institutionellen Erwartungen umgehen, deren Erfüllung möglicherweise zum Wohl der betroffenen Personen beiträgt, die aber gleichwohl am ureigenen Profil zu prüfen sind. Die institutionelle Einbindung kann – wie Frank Stüfens Beispiel der Gefängnisseelsorge zeigt – dazu führen, dass in institutionellem Auftrag eine ergänzende Expertise zum Wohl der betroffenen Person verfasst wird. Andererseits kann es auch Erwartungen und sogar formelle institutionelle Einbindungen geben, welche die Seelsorge sich nicht ohne weiteres zu eigen machen kann: »Mit unberechtigten Erwartungen sollte die Seelsorge kritisch umgehen« (Gärtner). So braucht es im Spital gerade wegen der thematischen Offenheit für die ganze Breite menschlichen Lebens eine Unabhängigkeit »vom medizinischen Behandlungsauftrag« (Graf). Isabelle Noth weist auf Situationen hin, in denen die Seelsorge sogar eine anwaltschaftliche Funktion für die sich in einer Institution befindlichen Menschen gegenüber dieser Institution wahrnehmen muss. Dabei orientiert sich die Seelsorge am Wohl der betroffenen Menschen, kann darüber hinaus aber versuchen, auf eine Verbesserung der Strukturen und der Kultur – wie im Fallbeispiel einer Kultur des »fehlerfreundlichen Umgangs in der Medizin« – hinzuwirken. Mit systemischem Bewusstsein geht es, für das Spital formuliert, nicht nur um »Krankenseelsorge«, sondern auch um »Krankenhausseelsorge« (Graf).

Zur institutionellen Einbindung gehört auch ein nüchterner Realismus. In der Regel ist die Zivilkleidung der Seelsorgepersonen äußerer Ausdruck dessen, dass die Seelsorge sich innerhalb des Systems mit einer gewissen Freiheit bewegt. Dies kann für die begleiteten Personen ein hilfreiches Signal sein, dass sie den institutionellen Abläufen nicht völlig ausgeliefert sind. Darüber sollte aber nicht verkannt werden, dass Seelsorgepersonen trotz ihrer spezifischen Aufgabe nicht einfach freundschaftliche Begleitpersonen sind, sondern an der »systemimmanenten Asymmetrie« zwischen Angehörigen der Institutionen und den betreffenden Menschen teilhaben (Stüfen). Nur in diesem Bewusstsein kann versucht werden, diese Asymmetrie so zu gestalten, dass gleichwohl die Selbstbestimmung und Freiheit der Menschen gefördert werden (siehe unten).

Mit Wünschelrute unterwegs

Eindrucksvoll lassen die beschriebenen Fallbeispiele erkennen, welche Herausforderung das Eintreten in eine noch unbestimmte seelsorgliche Situation darstellt. Um den naheliegenden Vergleich mit der Krankheitssituation aufzunehmen, könnte der erste Gang zu einem Menschen wirken wie die Situation einer Notfallärztin, die vorab nur weiß, dass gleich ein Unfallopfer vor ihr liegen wird. Unabsehbar ist, welche Körperteile von Verletzungen betroffen sind. Allerdings stehen für diese Notfallaufnahme medizinisch bewährte Diagnoseinstrumente zur Verfügung, um einen in seinem Funktionieren erforschten Körper, der in dieser Situation bei aller Individualität doch ein Stück weit »objektivierbar« ist, zu untersuchen. Demgegenüber muss sich die Seelsorgeperson auf eine in mehreren Dimensionen unabsehbare Begegnung einlassen. Weder lässt sich die Situation mit messbaren Daten bestimmen, noch stehen technische Instrumente zur Verfügung.

Ein Unsicherheitsfaktor, der in verschiedenen Fallbeispielen zum Ausdruck kommt, betrifft die Frage, wie erwünscht überhaupt die seelsorgliche Begegnung ist. Darauf wird noch zurückzukommen sein. Offen ist aber vor allem, wie eine seelsorgliche Begleitung Gestalt annehmen kann. Darum ist zumal in der ersten Phase von Seelsorgebegegnungen eine hohe Aufmerksamkeit für die Befindlichkeit von Menschen gefragt. Es gilt, wie mit einer Wünschelrute herauszufinden, inwiefern jemand der Zuwendung und Begleitung bedarf und natürlich auch, welche Art der Unterstützung er oder sie wünscht. Zugleich kann es längere Zeit dauern, bis Wurzeln zum Beispiel von Bedrücktheit zum Vorschein kommen. Dies verlangt von Seelsorgenden ein gutes Hinhören auch auf verschlüsselte Botschaften und eine behutsame Hilfe, sich solcher Themen überhaupt erst selbst bewusst zu werden. Die Seelsorge steht Menschen zur Seite, damit sie sich in einer unübersehbaren Gemengelage von ungewohnten Erfahrungen, Lebenseinschnitten und Emotionen zurechtfinden.

Zur Professionalität von Seelsorge gehört es, sich der methodisch gebotenen Schritte bewusst zu sein, die dienlich sind, um sich der persönlichen Befindlichkeit von menschlichen Subjekten anzunähern (vgl. die Ausführungen zur operationalisierten Empathiefähigkeit bei Móricz). Zugleich lassen die Fallbeschreibungen erkennen, wie wenig dieses Geschehen planbar ist. Gefragt sind die Seelsorgenden mit ihren Erfahrungen und Intuitionen; nicht selten sind aber auch Hinweise von außen oder sogar glückliches Zusammentreffen von Ereignissen förderlich, um adäquat auf die je besonderen Konstellationen einzugehen. Damit ist umgekehrt ein »Misslingen« eine reale Gefahr, wenn es nicht glückt, an die Bedürfnisse eines Menschen wirklich heranzukommen.

Das prekäre Instrumentarium der Seelsorge

Die Seelsorge stellt sich den Situationen mit äußerst prekärem Instrumentarium.[1] Gerade im Gesundheitssystem mit einer breiten Palette von medizinischen Diagnose- und Therapieinstrumenten wird dies sehr augenfällig. Seelsorgende nehmen kein Blut ab, sie messen keinen Blutdruck und können keine Infusionen, Tabletten oder Salben anbieten. Antworten auf die Frage, wie sie ihre Aufgaben erfüllen, können nur ebenso komplex ausfallen, wie anthropologische Reflexionen über das Menschsein komplex sind. Im zwischenmenschlichen Geschehen der Seelsorge richtet sich das Interesse nicht zuletzt auf die Kommunikationsformen. Hierfür spielt gewiss die Sprachlichkeit des Menschen eine prominente Rolle, doch gerade in prekären Zusammenhängen ist eine große Aufmerksamkeit für nonverbale Kommunikation unverzichtbar. Das den verschiedenen Modi der Kommunikation zugrundeliegende »Instrument« der Seelsorgenden ist letztlich ihre eigene Person.

Sprache ist für Menschen eine bedeutsame Weise, personal miteinander zu kommunizieren. Im Alltag dienen Worte dazu, »innere« Dimensionen zu »äußern«, nach »außen« zu kommunizieren. Allerdings machen Menschen häufig und insbesondere im Erleben ihrer Verletzlichkeit die Erfahrung, dass Worte nicht hinreichend das zum Ausdruck bringen, was sie empfinden. Vor diesem Hintergrund ist es Aufgabe von Seelsorgenden, Hilfen zur Versprachlichung zu leisten. Dazu kann der Vorschlag dienlich sein, in Bildern zu sprechen oder imaginierte beziehungsweise erinnerte Szenen zu erzählen (Móricz). Bei allem Leiden an den Grenzen der sprachlichen Aussagekraft

---

1 Die folgenden Ausführungen können keinen Überblick über Methoden leisten, die es natürlich auch in der Seelsorge gibt. Die verfügbaren und erlernbaren Methoden sind aber auf Kommunikationsformen angewiesen, deren elementare Aspekte dieser Abschnitt beleuchten möchte.

kann Sprache gerade in ihrer Mehrdeutigkeit auch weiterführend sein, wie Wolfgang Reuter am Beispiel der Absichtserklärung »*Ich nehme mir das Leben*« zeigt.

Worte gehen jedoch keineswegs selbstverständlich von den Lippen. Dies gilt für beide Seiten: für die begleiteten Personen wie auch für die Seelsorgenden selbst. Seelsorgende werden behutsam wahrnehmen, wenn tröstende oder sogar nur einfühlende Worte Menschen nicht erreichen oder ihnen nur hohl vorkommen würden. Abgesehen davon sind sie selbst – und seien sie noch so erfahren – nicht davor gefeit, dass es ihnen im Angesicht von großem Leid die Sprache verschlägt. Dies gilt erst recht für die vom Leid direkt betroffenen Personen. Zudem ist damit zu rechnen, dass in Situationen der Gebrechlichkeit oder auch der Demenz die Fähigkeit zur Kommunikation reduziert ist. Dann ist abzutasten, welche Formen von Kommunikation sprachlich oder nichtsprachlich möglich sind (Stuck).

Dies lenkt den Blick auf nonverbale Formen der Kommunikation. Mehrere Fallbeschreibungen lassen erkennen, welche Botschaften Seelsorgende von den Körperhaltungen der Menschen oder vom gewählten »Setting« erhalten. Ebenso sprechen impulsive und rätselhafte Handlungen eine eigene »Sprache«. Zum Ausdruck kommt so die Befindlichkeit ebenso wie die Bereitschaft oder Abwehr im Hinblick auf eine Begegnung. Auch Seelsorgende kommunizieren ihrerseits auf dieser Ebene. Wenn unterstützende Nähe gewünscht ist, aber die Worte versagen, bleibt manchmal nur, die Hand zu halten und in Stille bei einem Menschen zu bleiben (Gärtner). Rituelle Formen ermöglichen es, einen Raum der Geborgenheit und des Trostes zu schaffen. Hilfreich ist es, wenn auf Rituale zurückgegriffen werden kann, die Menschen vertraut sind. Einfache Rituale lassen sich aber auch mit Menschen vollziehen, die keine Erfahrung damit haben (Gärtner/Stuck).

Wenn Seelsorgende sprachliche und nichtsprachliche Formen der Kommunikation einsetzen, so macht sich bemerkbar, wie stark solche Kommunikation an die Person der Sprechenden und Handelnden zurückgebunden ist. Es gehört zum Stolz und zur Würde, aber auch zur Not und Verletzlichkeit menschlicher Existenz, dass menschliches Auftreten, Handeln und Leben von dem her bestimmt wird, was ein Mensch »als Person« ist. Was damit genau gemeint ist, lässt sich nicht definieren, kreist aber um Aspekte wie Charakter, Authentizität, Wirkmächtigkeit und Ausstrahlungskraft. Jeder Mensch braucht Vertrauen in sich selbst, mit dem eigenen Auftreten in ein gelingendes Resonanzgeschehen mit der Welt und anderen Menschen eintreten zu können. Vermutlich jeder Mensch kennt auch Ängste, in dieser Hinsicht nicht zu genügen und zu versagen. Dieser Spannung sind Seelsorgende in besonderer Weise ausgesetzt. Sie müssen sich positiv dazu verhalten, dass ihr vornehmliches »Instrument« ihre eigene Person ist. Sie können sich zwar Kompetenzen aneignen, doch dispensiert sie dies nicht davon, sich mit ihrer Person – wie sie sind und wie sie geworden sind – in Seelsorgebegegnungen einzubringen. Dafür ist unverzichtbar, dass Seelsorgende sich mit ihren eigenen Prägungen, Zweifeln und Wunden auseinandergesetzt haben. Sie müssen gelernt haben, Prägungen nicht in Übertragungen unkontrolliert wirksam werden zu lassen. Dann können sie umgekehrt gerade ihre spezifische Geschichte, ihre Erfahrungen und Anschauungen auch fruchtbar einbringen (Graf/Kayales/Stüfen). Speziell für den Justizvollzug ist eindrücklich, wie der Seelsorger sich Rechenschaft darüber ablegt, dass Inhaftierte von den Lebenswirklichkeiten außerhalb des Gefängnisses abgeschnitten sind, um gerade deswegen »ausgewählt Begebenheiten aus meiner eigenen Lebensrealität einfließen [zu lassen]« (Stüfen).

Dass das wichtigste Instrument der Seelsorgenden ihre Person ist, macht sich in Seelsorgebegegnungen besonders bemerkbar, wenn von Seelsorgenden einfach solidarische Präsenz verlangt ist. In schwierigen Situationen erwacht in den meisten Menschen spontan der Wille, etwas zu tun, zu helfen, zur Veränderung und Verbesserung beizutragen. Wenn menschliches Leben verwundet und gefährdet ist, gibt es aber häufig keine Möglichkeit der verändernden Intervention. In bedrückenden Situationen hilft nicht ein Aktivismus von Scheinlösungen; vielmehr ist es Aufgabe von Seelsorgenden, »all das Schwere anzuhören, anzusehen und mitzutragen« (Burbach). Lösungen lassen sich nicht erzwingen, sondern sind in Geduld zu erwarten. Aus diesem Grund betont Stefan Gärtner die notwendige »Kompetenz zur Inkompetenz«. Dies ist vielleicht eine der schwierigsten Aufgaben der Seelsorge. Sie bleibt häufig ohne erfahrbaren »Erfolg«. Darüber hinaus kann sie tatsächlich auch »missglücken«.

In beiden Fällen entsteht bei Seelsorgenden möglicherweise das Gefühl, versagt zu haben, selbst wenn die Faktoren dafür komplex sind. Kränkungsfrei zu akzeptieren ist, dass es Konstellationen gibt, in denen sich die Resonanz (Móricz im Anschluss an Hartmut Rosa) zwischen Seelsorgeperson und begleiteter Person nicht einstellt und tatsächlich nicht mechanisch herstellbar ist. Seelsorgende machen kommunikative Vorschläge, manchmal auch für ein methodisches Vorgehen (Burbach), doch ob dabei ein Funke überspringt, ob etwas aufbricht, liegt auch an verborgenen Vorgeschichten oder an nicht kontrollierbaren Faktoren. Grundsätzlich gilt es, Ohnmacht auszuhalten und fern von Erfolgsverliebtheit die begrenzten Möglichkeiten zwischenmenschlichen und seelsorglichen Beistands zu akzeptieren.

Selbstbestimmung der begleiteten Menschen

Während Seelsorge von sich her kein inhaltliches Themenfeld anstrebt, so hat sie doch eine formal bestimmte Ausrichtung darauf, heilsam für Menschen zu wirken. Dazu gehört es – je nach Verfasstheit und Möglichkeit – gerade in prekären Situationen, vulnerable Menschen in ihrem Subjektsein zu bestärken und ihre Selbstbestimmung zu achten.

Damit ist schon das Angebot der Seelsorge selbst ein sensibler Vorgang. Seelsorge hat sich nicht aufzudrängen. Auf den gebotenen Respekt vor der religiösen Selbstbestimmung ist noch eigens einzugehen. Schon vor der Thematisierung religiöser Zugehörigkeiten löst das Auftreten einer Seelsorgeperson (wie auch anderer unterstützender Dienste) möglicherweise ambivalente Reaktionen aus. Menschen in Extremsituationen lehnen aus einer Verzweiflung heraus, in der sie für sich keine Perspektive erkennen, möglicherweise schon deswegen Unterstützung ab, weil sie sich lieber in die Ausweglosigkeit zurückziehen, als sich falschen Hoffnungen oder für sie nicht erreichbaren Trostversuchen auszusetzen. In den Fallbeschreibungen wird deutlich, wie paradox der Wunsch nach Kontakt mit Vorwürfen und Abwehr (Gärtner) oder die Abweisung mit der Kundgabe einer notvollen Situation (Graf) verbunden sein kann. In solchen Situationen braucht es viel Fingerspitzengefühl. Die Ambivalenz von Ablehnung und Wunsch nach Zuwendung ist behutsam aufzunehmen. Einerseits sind explizit geäußerte Zurückweisungen zu respektieren, so dass bei Ablehnung vorerst manchmal nur bleibt, sich zu verabschieden und gleichwohl eine Offenheit für eine weitere Begegnung zu signalisieren. Es hat aber nichts mit Übergriffigkeit zu tun, auch die Signale der Hilferufe oder der angedeuteten Gesprächsbereitschaft aufzunehmen. Letztlich bleibt häufig eine Spannung zwischen der Wahrnehmung, dass eine Intervention unwillkommen scheint, und der Wachsamkeit und Bereitschaft dafür, keine notwendige Hilfeleistung zu unterlassen.

Selbst dort, wo das seelsorgliche Angebot bereitwillig angenommen wird, ist dies kein Freifahrtschein für unbekümmerte Interventionen. Hilfreich ist Thomas Wilds Unterscheidung zwischen »impliziten Auftragserteilungen«, die nicht umgehend auszuführen sind, und notwendigen weiteren »Auftragsklärungen«, um Menschen nicht etwas anzubieten, was ihren eigenen Vorstellungen zuwiderlaufen würde. So ist auch das Ausgesprochene mit Vorsicht zu behandeln. Was Menschen in aufkeimendem Vertrauen aussprechen, exponiert sie. Eine vorschnelle Anknüpfung kann in einer Person, die sich gerade geöffnet hat, das Gefühl entstehen lassen, dass ihr das Gesagte enteignet wird. So gilt es, sich »allzu rascher Interpretationen zu enthalten und [...] möglichst viel Raum für eigene Deutungsfreiheiten zu geben« (Stüfen). Einmal mehr spielen hier auch ambivalente Phänomene eine Rolle, die sowohl Zurückhaltung als auch entlastende Interventionen gebieten. Anzeichen von Scham lassen erkennen, dass ein Mensch seine Intimität gefährdet sieht. In dieser Hinsicht ist es wichtig, den Aufbau einer schützenden Distanz zuzulassen. Zugleich kann es Symptome übermäßiger oder inadäquater Scham geben, insofern Menschen sich für etwas schämen, das in ihrer Situation keineswegs schambesetzt sein müsste. Das können körperliche Symptome von Krankheit oder emotionale Reaktionen auf unerwartete Schicksalsschläge sein. Hier sollten Menschen mit ihrer Scham nicht alleingelassen werden. Vielmehr bedarf es der – wie Claudia Graf es nennt – »notfallpsychologischen Botschaft«: »Das ist eine normale Reaktion auf eine ›unnormale‹ Situation«. Zudem können sich hinter Scham Themen verbergen, die anzusprechen für Menschen bedeutsam wäre. Christina Kayales zeigt auf, wie wichtig gerade in dieser Hinsicht ein kultursensibler Ansatz von Seelsorge ist.

So bedarf es einer großen Achtsamkeit, Menschen weder verbal noch nonverbal eine Zuwendung aufzudrängen, ohne sie jedoch alleinzulassen. Denn ein lediglich reagierendes bestätigendes Handeln und Sprechen könnte umgekehrt Menschen auch einer Inspiration berauben, die ihnen in einer schwierigen Lebenssituation eine neue, heilsame Perspektive eröffnen würde. Dazu gehört auch die religiöse Deutung von Lebenssituationen, auf die gleich noch zurückzukommen ist.

Darüber hinaus lassen viele Fallbeschreibungen erkennen, wie zentral es im seelsorglichen Auftrag ist, die eigenen Potenziale von Menschen wachzurufen und zu stärken. Seelsorge kann heilvolle Entwicklungen nicht von außen induzieren, sondern ist dafür auf die Entwicklungsmöglichkeiten der begleiteten Personen selbst angewiesen. Es gilt, die Selbstheilungs- beziehungsweise Selbstaktualisierungskräfte der Menschen aufzunehmen (Burbach/Móricz) und die Kompetenzen und Ressourcen des Gegenübers als Stärke anzuerkennen (Kohler-Spiegel). Selbst beziehungsweise gerade im Blick auf Menschen, deren Kräfte und Fähigkeiten aus welchen Gründen auch immer reduziert sind (zum Beispiel bei Demenz), gilt es, die verbliebenen Ressourcen zu stärken (Stuck). Seelsorgende sollen Menschen, die in Institutionen wie Spital und Gefängnis einiges an Selbstbestimmung einbüßen oder die ihr Lebensgeschick entmutigt hat, zum wachsenden Zutrauen verhelfen, handelndes Subjekt zu sein, zu bleiben oder wieder zu werden (sich »wieder als Subjekt eingesetzt zu sehen«; Reuter). Selbst wenn Seelsorgende ihre rituelle Kompetenz einsetzen, für die sie eigens ausgebildet sind, ist im Auge zu behalten, dass das stärkende Potenzial dieser Rituale sich auch ohne Abhängigkeit von Seelsorgenden entfalten kann: Nikolett Móricz unterstreicht den positiven Wert der Ermächtigung, solche Rituale nicht nur an sich vollziehen zu lassen, sondern sie selbst in geeigneter Weise praktizieren zu können. Insofern ist in der seelsorglichen Intervention Solidarisierung ohne Paternalisierung gefragt, in Wahrnehmung allerdings der Grenzen, die in Hilfsbedürftigkeit gegeben sind, um Menschen nicht zu überfordern (Noth). Selbstbestimmung ist ein Ideal, das für gesunde, im funktionierenden Lebensvollzug stehende Menschen einfach hochzuhalten scheint. In Krisensituationen aber sind Menschen auf Unterstützung, manchmal auch in der Stärkung ihrer Motivation und Antriebskraft, angewiesen. Dabei ist damit zu rechnen, dass Menschen im Blick auf ihre Beziehungen und insbesondere hinsichtlich ihrer Hilfsbedürftigkeit doppelte und manchmal auch widersprüchliche Botschaften aussenden. Wenn ihre Entscheidungsfähigkeit gebrochen oder ganz genommen ist, braucht es umso mehr Sensibilität, im Sinne dessen zu handeln, was dem entwickelten Lebensentwurf am nächsten kommen könnte.

Besondere Aufmerksamkeit ist auf die kulturellen, weltanschaulichen und natürlich auch religiösen Kontexte von Seelsorge zu richten. In Krisensituationen melden sich bei vielen Menschen Sinnfragen. Im Blick darauf vollzieht sich die Seelsorge in Deutungsangeboten, die angesichts der Selbstbestimmung von Menschen nur Angebote sein können, deren Ausbleiben aber Menschen in einer der wichtigsten Lebensaufgaben – die Deutung und Sinnfindung im eigenen Leben – allein lassen würde. Dies gilt schon unabhängig von religiösen Deutungen, doch stellt sich in der Seelsorge natürlich explizit auch die »Gretchenfrage«.

Seelsorge angesichts der Gretchenfrage

Kein Seelsorger und keine Seelsorgerin wird die Gretchenfrage »Wie hast du's mit der Religion?« einer Seelsorgebegegnung voranstellen. Dennoch scheint sie über kurz oder lang implizit oder explizit im Raum zu stehen, wenn Seelsorgende in eine Begegnung eintreten. Hinter negativen Reaktionen auf seelsorgliche Angebote steht oftmals, dass Menschen befürchten, unmittelbar auf eine solche Frage reagieren oder gar religiös etwas »vorweisen« zu müssen. Angesichts der Seelsorgeperson erwachen möglicherweise negative Erfahrungen mit Religion oder gar erlittene Verletzungen. Gegenüber Engführungen und im Unterschied zu gewaltvoll aufgedrängter Religion muss Vertrauen erst wieder gewonnen werden. Bedeutsam ist gerade in dieser Hinsicht die oben beschriebene inhaltliche Unbestimmtheit von Seelsorge, die um das besorgt ist, was Menschen heilsam ist, ohne inhaltliche Fixierung auf den religiösen Bereich. Gleichzeitig bedarf es der Bereitschaft, Menschen in religiösen Fragen und auch Nöten nicht allein zu lassen.

Damit steht die Seelsorge in einer großen Spannung. Sie ist in einer bestimmten Religion verwurzelt und im christlichen Bereich auch kirchlich-konfessionell gebunden. Aus dieser Verortung schöpft die Seelsorge einen Teil ihrer Kompetenzen und ihres Erfahrungsschatzes. Die Selbstbestimmung von Menschen verlangt es, dass diese Verortung transparent gemacht wird, so dass Menschen wissen, mit wem sie es zu tun haben und in welchem Auftrag die Seelsorge ausgeübt wird. Dies gibt ihnen die Freiheit, die Intervention der Seelsorge abzulehnen und gegebenenfalls Alternativen in Anspruch zu nehmen.

Was auf den ersten Blick wie eine Grenzziehung aussieht, markiert gleichzeitig einen Übergang und die Möglichkeit von standortbewusster Kommunikation und Übersetzung. Denn professionelle Seelsorge reflektiert die eigene Verortung und pflegt gerade deswegen das Bewusstsein um die Unterschiedlichkeit der Lebenswelten und Deutungshorizonte, in denen sich Menschen bewegen. Dies gilt ja schon unabhängig von religiösen Einstellungen. Professionelle Seelsorge hat das Prinzip der Religionsfreiheit in einem sehr weiten Verständnis verinnerlicht im Respekt davor, dass religiöse Praxis in freiheitlicher Selbstbestimmung gründet und deswegen nicht aufgenötigt werden darf.

Seelsorge verbindet somit die Verankerung in ihrer eigenen Tradition und das Selbstverständnis der kirchlichen Bindung mit der Fähigkeit, für Menschen außerhalb der eigenen Religionszugehörigkeit sprachfähig zu sein. Dies gilt umso mehr, als die seelsorgliche Ausbildung dazu anleitet, die eigene religiöse Biografie zu reflektieren und Entwicklungsprozesse zu durchlaufen. Eigene Distanzerfahrungen nähren das Verständnis dafür, dass »das Heilsame und Segensreiche von ›Kirche‹ und ›Religion‹ nicht selbstverständlich ist« (Graf). Seelsorgende können am Erfahrungsschatz der eigenen Tradition teilgeben, ohne deren Deutung aufzunötigen (Móricz). Darum können auch Menschen ohne religiöse Bindung – sofern sie zustimmen – gleichwohl von religiös und konfessionell gebundenen Seelsorgenden kompetent begleitet werden.

Auf der Basis solchen Respektes vor religiöser Selbstbestimmung und in der Einsicht der großen Verletzlichkeit im religiösen Bereich markieren Seelsorgende andererseits bereits durch ihr Auftreten die Bereitschaft, sich der sonst manchmal verschwiegenen, manchmal brachliegenden, manchmal verdrängten oder manchmal eben auch vermissten religiösen Musikalität anzunehmen. In einer Gesellschaft, in der Religion oft eher eine diskrete Privatsache ist, sind religiöse Suchbewegungen und Sehnsüchte oft ortlos und bleiben ohne Austauschmöglichkeiten. Im Alltag vieler Menschen scheint die Schwelle, für religiöse Suchbewegungen und Entwicklungen Unterstützung in Anspruch zu nehmen, sehr hoch zu sein. Auch in Krisensituationen kann es noch Mut erfordern, in dieser Hinsicht Schritte zu tun. Darum ist es gut, wenn Seelsorgende ein feines Sensorium dafür haben, ob eine religiöse Perspektive ansprechbar ist und ob Menschen den Wunsch haben, sich mit Hilfe einer Seelsorgeperson in göttliche Präsenz und behütenden Segen hineinzustellen. Es kommt hinzu, dass in Krisensituationen quälende und verängstigende religiöse Vorstellungen zutage treten können (vgl. Gärtner). Seelsorgende werden versuchen, Ansprechpartner*innen dafür zu sein und – wo es möglich ist – die heilende Kraft des Religiösen einzubringen. Ein gemeinsamer religiöser Deutehorizont erlaubt es, expliziter das religiöse Potenzial aufzunehmen und vermehrt auf gemeinsame Motive, Schrifttexte und Gebete zurückzugreifen. Selbst dann sind allerdings unterschiedliche religiöse Sozialisationen oder Empfindungen zu beachten. Zumal in prekären Situationen, in denen Menschen nicht die Möglichkeit oder Energie haben, sich von für sie befremdlichen oder verletzenden Ausdrucksformen zu distanzieren beziehungsweise fernzuhalten, ist behutsam abzutasten, welche Formen und Inhalte ihnen entsprechen. Selbst wenn jemand explizit um ein Gebet bittet, kann es angezeigt sein, sich zu vergewissern, welche Art von Gebet, Gebetsanrede oder welche Gebetsanliegen ein Mensch sich denn wünscht: »Zuvor müsste ich von Ihnen wissen, was Sie denn in diesem Gebet Gott anvertrauen möchten« (Wild).

Die Frage »Wie hast du's mit der Religion?« könnte schließlich an dieser Stelle auch an die Seelsorgenden gerichtet werden. Gemeint ist nicht der missionarisch motivierte mahnende Zeigefinger, den Glauben offensiver in Seelsorgebegegnungen einzubringen. Kriterium dafür, wie explizit Glaube und Religion in Seelsorgebegegnungen Raum finden, ist und bleibt der Mensch, dem die Seelsorge hilfreich zur Seite stehen soll. Zugleich hängt das Potenzial der Seelsorge auch daran, wie die Seelsorgenden persönlich in ihren eigenen religiösen Traditionen verankert sind. Unabhängig davon, wie sehr Menschen selbst zu religiösen Deutungen gelangen, vollzieht sich Seelsorge im Glauben daran, dass Gott selbst Menschen in all ihren Lebenssituationen nahe sein will. In ihrer Wahrnehmung verknüpfen Seelsorgende das Geschick der von ihnen begleiteten Menschen mit der Zusage der Gegenwart Gottes. Dafür werden sie unterschiedliche Ausdrucksformen finden, die immer auch mit den persönlichen Glaubensgestalten der Seelsorgenden zu tun haben. Achtsamkeit ist von ihnen gefordert, wenn sie solche Deutungen explizit an die betreffenden Menschen herantragen, um sensibel für deren eigene Motivwelt zu sein. In den Fallbeschreibungen reicht die Palette vom schöpfungstheologisch begründeten ehrfürchtigen Respekt vor der Gottebenbildlichkeit des Menschen, die auch durch menschliche Gebrochenheit nicht genommen ist (Stuck), bis zu rechtfertigungstheologischen Perspektiven auf Gnade, Anerkennung, Befreiung und Heiligung (Burbach/Stüfen). Christiane Burbach lenkt den Blick auf den Trost des Segens im großen Bogen zwischen Schöpfung und Vollendung und knüpft an die Befreiungsgeschichte des Exodus und das Motiv der Wüstenwanderung an.

Lukas Stuck bringt in seine Fallbeschreibung zur Seelsorge mit von Demenz betroffenen Menschen das Thema der Erinnerung ins Spiel, das auch über diese spezifische Konstellation hinaus einen theologischen Schlüssel bietet. Denn Seelsorge verankert sich ja zutiefst in dem Glauben, dass Gott der Menschen »gedenkt«, sich an sie »erinnert« und sie – auch wenn sie verlassen scheinen – nicht vergisst. Damit tritt die eminent theo-logische Dimension des seelsorglichen Auftrags hervor.

Seelsorgegespräche treffen in prekären Situationen häufig auf Menschen, welche die Frage nach dem Angenommensein – von Selbstannahme über die Achtung und Annahme durch andere Menschen bis zum Angenommensein bei Gott – quält. Hier ist es die gelebte Präsenz der Seelsorgenden, die eine Erfahrung von Zuwendung und Angenommensein ermöglicht. So sind die Seelsorgebegegnungen implizit oder explizit von der Verheißung der Gnade, der Zuwendung ohne Vorleistung getragen. Auch wenn diese Dimension nur dann zur Sprache kommen kann, wenn dies für die Menschen hilfreich ist, trägt die Wirklichkeit dieser göttlichen Zuwendung das Geschehen. In der Seelsorge scheint das göttliche »Ich bin da, werde da sein« als rettende Selbstzusage Gottes auf (Honegger). Eine gläubige Sicht kann darauf setzen, dass sich diese göttliche Wirklichkeit ereignet, unabhängig davon, ob erkennbar ist, wie Menschen dies wahrnehmen. Zugleich ist es für Seelsorgende eine Kraftquelle, sich selbst in dieser Wirklichkeit zu verankern. Denn wer sich tagtäglich den Nöten und dem Leid von Menschen aussetzt, muss selbst gelernt haben, damit umzugehen, ohne selbst langfristig ausgebrannt zurückzubleiben.

Ausblick

Seelsorge hat ihren Ort gewiss nicht nur an den Grenzen des Lebens und in Krisensituationen. Dennoch gehört zur Seelsorge die Bereitschaft, Menschen gerade in prekären Konstellationen an der Seite zu stehen: wenn bisherige Kraftquellen abgeschnitten oder versiegt sind, wenn der Alltag wegbricht, wenn Lebenspläne durchkreuzt werden. Die in diesem Band thematisierte Spezialseelsorge bewegt sich zumeist an solchen erfahrenen Grenzen und sucht hier behutsam nach dem, was Menschen Trost, Orientierung, Halt bietet, auch in religiösen Traditionen.

Christliche Seelsorge verankert sich dabei von ihrem Selbstverständnis her in der Hoffnung auf die göttliche Treue, die noch im Scheitern, im Durchkreuzten, im Leid und im Tod neue Zukunft verheißt. Dies bestärkt die Seelsorgenden, sich Menschen in bedrückenden und ausweglosen Situationen ohne Beschönigung an die Seite zu stellen. Dabei ist ihnen bewusst, dass sie nicht selbst für Trost, für Geborgenheit mitten im Dunkel und für Leben im Sterben und im Tod einstehen können. Umso mehr werden sie danach Ausschau halten, ob Menschen auf einen solchen Glauben ansprechbar sind, unabhängig von ihrer religiösen »Vorgeschichte«. Eine Ermutigung kann sein, dass der Schriftsteller Thomas Hürlimann in seiner Kanzelrede im Grossmünster zum Bettag 2021 dafür plädierte, an der Schwelle von Tod und Leben das »Kreuz als Hoffnungs- und Überlebenszeichen stehen [zu] lassen«[2]. Es ist das Plädoyer, religiöse Sym-

---

2 Thomas Hürlimann: Mit dem Abhängen der Kreuze hängen wir den Tod nicht ab. NZZ, 25.9.2021, 36–37, 37.

bole nicht aus dem Gesichtskreis von Menschen an diesen Schwellen fernzuhalten, selbst wenn ihre Deutung nicht von allen geteilt wird. Auch Seelsorgende selbst sind ihrerseits Hoffnungszeichen als jene, die in der Spur Jesu der befreienden und heilenden Treue Gottes ein menschliches Gesicht geben. Ob sie aber an ihrem Glauben so teilgeben können, dass die von ihnen begleiteten Personen sich selbst von Gott getragen verstehen, lässt sich weder strategisch planen noch statistisch messen. Wie die Fallbeispiele dieses Buches eindrücklich zeigen, sind seelsorgliche Begegnungen unvorhersehbare Geschichten, deren Resonanz in den beteiligten Menschen sich nicht von außen beurteilen lässt und die nach vorn offen sind. Wenn das Fallbeispiel zum Schlusspunkt kommt, ist es die Geschichte noch lange nicht.

Eva-Maria Faber, Dr. theol. habil., ist Professorin für Dogmatik und Fundamentaltheologie an der Theologischen Hochschule Chur und war von 2017 bis 2022 Vertreterin der TH Chur in der Programmleitung der Aus- und Weiterbildung in Seelsorge, Spiritual Care und Pastoralpsychologie Schweiz (AWS).